心灵的对话

——临沂第二十九中学家校社协同育人实践研究

张亚军　著

中国海洋大学出版社

·青岛·

图书在版编目（CIP）数据

心灵的对话：临沂第二十九中学家校社协同育人实

践研究 / 张亚军著. -- 青岛：中国海洋大学出版社，

2025. 5. -- ISBN 978-7-5670-4229-2

Ⅰ. G636

中国国家版本馆 CIP 数据核字第 2025ZX4060 号

出版发行	中国海洋大学出版社
社　　址	青岛市香港东路 23 号　　　邮政编码　266071
网　　址	http://pub.ouc.edu.cn
出 版 人	刘文菁
责任编辑	张瑞丽　　　　　　　　　　电　　话　0532-85901040
电子信箱	1365898479@qq.com
印　　制	青岛国彩印刷股份有限公司
版　　次	2025 年 5 月第 1 版
印　　次	2025 年 5 月第 1 次印刷
成品尺寸	170 mm × 240 mm
印　　张	11.5
字　　数	163 千
印　　数	1~1000
定　　价	59.00 元
订购电话	0532-82032573（传真）

发现印装质量问题，请致电 0532-58700166，由印刷厂负责调换。

MU 目·录 LU

第一篇　家长日记篇

第二篇　学生成长日记篇

第三篇　教师工作反思篇

第四篇　学校工作篇

第一篇
家长日记篇

1 小升初的迷茫，你知道吗？

女儿马上就要从小学升入初中了，我的心情既激动又期待。上周，我陪她购置了新衣、新鞋和学习用品，虽然花费不少，但想到挣钱本就是为了给孩子更好的教育和生活，我便也觉得值得。我只愿女儿进入初中后能尽快适应新环境，专心学习，取得好成绩，将来成为一个自立自强的人。

新学期，新气象。刚开学那几天，女儿每天回来都兴高采烈地向我分享学校里的新鲜事。看她这么开心，我心里特别欣慰，觉得孩子已经适应初中的生活了，和老师、同学相处得融洽。可我今天接她放学时，明显感觉不对劲，她的小脸绷得紧紧的，跟往常完全不一样。

我在路上试探性地问她："今天上了哪几门课？感觉怎么样？"

她没有回答。我又说："雨晨，妈妈问你话呢，今天感觉怎么样啊？"

"不怎么样。"她低着头，过了好一会儿才从牙缝里挤出这几个字。我心头一紧，这孩子平时叽叽喳喳的，现在这副模样，准是遇到什么事了。看她不愿多说，我也就没再问，打算回家后再慢慢开导。

回到家，她径直冲进房间，砰的一声把门关上了。她摔门的行为让我有点生气，但是我还是强忍着怒火给她做了她最爱吃的糖醋排骨。我声音一次比一次高地喊："雨晨，吃饭了！"等到第五次喊的时候，她才慢吞吞地出来，我的耐心已经快被磨光了。我又问："今天在学校遇到什么事了？妈妈是你最亲的人，你有什么委屈应该好好和妈妈说，而不是对妈妈发脾气。"

"我哪里对你发脾气了？"她说完就委屈地掉眼泪了。

"你这算怎么回事？"我的声音开始发抖，看着她通红的眼眶，我也心疼了，但话还是止不住地往外冒："你有事就说事，又摔门又掉眼泪的，除了让最疼你的人难受，还能解决什么问题？"

在我再三追问下，她终于支支吾吾地开口："我不想上学了，初中的生活没有意思，好朋友都分开了，班上全是陌生人。"越说越委屈，"每天要学七八门课，还有做不完的测验，今天看见老师桌上的分班成绩单，我考得太差了！"她突然号啕大哭，哭声像一盆冷水浇醒了我。

看着女儿哭肿的眼睛，我张了张嘴，方才那些责备的话全卡在喉咙里，只剩满心酸楚。

心理剖析

孩子从小学生成为初中生，首次直面同龄人间的竞争，压力会突然增大。同时，孩子的心理也会出现变化，他们对未来的生活充满了迷茫和恐惧，这种迷茫和恐惧往往会通过一些异常的行为表现出来，比如不想上学、沉迷网络。

孩子从小学升入初中，面临的挑战可真不少。一方面，学习的科目一下子变多，作业量也大幅增加，学习压力大。另一方面，孩子进入了新的班级，要接触陌生的同学和老师，从陌生到熟悉，这需要一个漫长的相处和适应的过程。在这个过程中，哪怕是和同学闹的一点小矛盾，都会给孩子带来一些伤害。对于12岁的孩子来说，小升初考试是最大的压力源。而且这个年龄的孩子大多已经进入青春期，心理和生理都在发生巨大的变化，这些变化让他们感到困惑和忧虑，让他们压力倍增。与此同时，孩子的行为能力和思维能力都得到了进一步的提高，他们逐渐会产生一种想要脱离父母的心理状态，渴望独立和自由；而父母觉得孩子能够自己照顾自己了，则更多地关注孩子的学习成绩，却忽略了他们内心的感受。这两方面原因叠加起来，最终导致亲子沟通的时间越来越少。孩子在学校遇到困难和烦恼，回到家却找不到可以倾诉的人。有时候，孩子鼓足勇气向父母求助，却被父母误解为撒谎、懒惰、没有上进心。这就像一盆冷水浇灭了孩子心中那点微弱的希望之火，让他们更加迷茫。父母应该多花些时间和精力了解孩子的内心世界，给他们更多的理解和支持，让他们在成长的道路上不再感到孤单和无助。

这个时期的孩子往往会迷恋网吧、抗拒回家，这类行为本质上是孩子向父母发出的抗议，同时也是一种很强烈的求救信号。不过，当孩子使用这种信号来求救的时候，父母才开始重视孩子的心理，就有些晚了。其实，只要父母平时多关注孩子的行为，就很容易发现孩子的心理问题。父母要寻找合适的机会和孩子交流，帮助孩子减压。另外，家长还要以委婉的方式为孩子指引方向，不要总是训斥孩子，而应不断鼓励、支持孩子。

当孩子小升初时，父母产生紧张情绪是正常现象。但有些父母会过度焦虑，他们把这种焦虑通过唠叨、批评甚至争吵等方式转嫁到孩子身上，反而给孩子带来更大伤害。雨晨的妈妈虽然没能压制住怒火而与孩子发生争吵，但她没有变本加厉，能静下心来反思自己，这一点是值得肯定的。

专家指导

那么，有哪些方法可以帮助孩子逐步适应初中生活呢？有的家长说可以让孩子上小升初衔接班，借助专业老师的指导帮助孩子度过这个阶段。这固然不失为一种方法，但终究难以解决根本问题，因为这类课程多以学科知识传授为主。父母的关爱和引导才是关键，这能为青春期的孩子奠定重要的心理基础。作为主要监护人，家长更需要主动了解孩子的身心发展特点。建议面临孩子小升初的家长可以从以下几个方面着手以帮助孩子尽快地适应初中生活。

（1）家长要帮助孩子调整作息时间以适应初中生活。初中阶段的学习制度与作息安排较小学阶段有显著差异，且要求更为严格。通常情况下，学生需在早上7点前到校，这就要求孩子必须养成早睡早起的习惯。建议家长提前1~2个月开始逐步调整孩子的作息。同时，家长应以身作则，与孩子同步调整作息，避免出现家长熬夜、孩子早睡的矛盾情况。

（2）家长可以提前带孩子到将要就读的初中参观以熟悉环境。开学前，父母要抽时间陪孩子去新学校走走看看，让孩子记住上学的路线，认识教学楼、实验室、图书馆、操场等重要场所的位置。家长要耐心给孩子讲解学校的作息时间、课堂纪律等，还可以用轻松愉快的语气给孩子描述丰富多彩的社团活动，让孩子对即将开始的初中生活产生期待和向往。这样能有效减轻孩子的陌生感和紧张情绪。

（3）家长要善于保护和激发孩子的好奇心。当孩子提出问题时，家长可以这样引导："这个问题真有水平！妈妈都回答不全了，等上初中后你可以请教专业的老师呢！"家长也可以这样说："在学校里，你不仅能找到这些问题的答案，还能学到许多连爸爸妈妈都不知道的新知识。"通过这样的对话，既能肯定孩子的求知欲，又能让孩子自然而然地产生对初中生活的期待。要注意的是，家长在交流时要保持真诚的态度，避免给孩子施加压力，让孩子保持对知识的纯粹向往。

（4）家长在培养孩子的学习兴趣时要顺应天性。父母在敦促孩子学习时，也要顾及孩子爱玩的天性，让孩子在互动中快乐学习。同时，家长要鼓励孩子参加运动会、课外活动，主动创造社交机会，比如邀请同学来家里玩、同意孩子去同学家做客。通过这些交往，孩子会增强人际交往能力，逐渐熟悉新环境，最终顺利融入初中生活。家长要给孩子足够的适应时间，在适当的时机给予引导，但不要过度干预孩子的社交过程。

理性对待孩子的成绩下降

2

自从我家孩子上了初中，我真的特别困惑，也特别发愁。我家孩子从小就特别聪明，不管是学拼音、识字，还是学算术，一学就会。他在小学的时候成绩一直都不错，每次考试都能给我们带回好消息，奖状贴满了一墙。

记得小学毕业典礼那天，学校召开了家长会。前一天，儿子特意嘱咐我："妈妈，明天你要打扮得漂漂亮亮，你要上台领奖呢！"说真的，当我作为优秀学生家长上台领奖时，我的内心无比兴奋和激动。我看着台下其他家长羡慕的目光，听着校长念出儿子的名字，那种自豪感油然而生。

然而，孩子一上初中，他的成绩就直线下降。一开始，我还以为是孩子不适应新环境，过段时间就好了。又过去了一个学期，孩子的成绩不但没起色，反而越来越差。我看他每天也在认真写作业，可就是考试拿不了高分。我问他学习过程中有什么困难，他也说不出个所以然。我想帮他，可又不知道从哪儿着手，真的太让人着急了。

昨天学校召开了期中考试后的家长会，我特意向公司请假去参加。我看到了孩子的试卷和成绩，好几门科目不及格，这让我很吃惊。孩子在小学时可是名列前茅的优秀学生啊，怎么一到初中就一落千丈了呢？我不禁开始胡思乱想：是不是我家孩子不够聪明？是不是现在的老师对孩子不够负责？各种猜测在我脑海里不断闪现。看来，我得找个时间好好跟班主任谈谈了。

心理剖析

为什么孩子小学成绩很好，一进入初中却一落千丈呢？有些学生在小学阶段成绩非常优秀，升入初中后，学习成绩却大幅下滑。这种现象相当普遍，确实让家长既担心又头疼。造成这种现象主要有以下3个原因。

（1）孩子未能养成良好的学习习惯。在小学阶段，不少成绩优秀的孩子是在家长和老师的全方位监督下学习的。他们的学习计划、时间安排乃至具体的学习内容，往往都是由老师和家长一手包办的。这种被动式的学习模式虽然短期内能取得好成绩，却埋下了隐患。进入初中后，随着课程增多、难度加大，这种缺乏自主性的学习方式的弊端就充分暴露出来了。当离开了老师和家长的严格管束，没有形成良好学习习惯的孩子很容易失去方向，学习状态逐渐松懈，最终导致成绩明显下滑。

（2）孩子缺乏科学的学习方法。在小学阶段，不少成绩优异的学生过度依赖死记硬背，而忽视了理解和应用能力的培养。这种学习方式可以应付小学阶段的学习内容，但进入初中后就会遇到很大困难。初中阶段的数理化等科目更注重知识的理解和灵活运用，要求学生能够举一反三。那些只会死记硬背的学生在面对这些复杂问题时就会显得力不从心，成绩自然就会下滑。值得注意的是，这种现象在女生群体中尤为明显，这可能与女生通常更擅长记忆性学习有关。

（3）小学和初中阶段的学习强度存在显著差异。小学阶段只有语文、数学、英语三门主科，不仅学习内容相对简单，而且老师会反复强调每个知识点，通过多种方式进行巩固练习，确保学生完全掌握。在这种情况下，学生只要上课专心听讲，课后按时完成作业，想要取得好成绩并非难事。然而进入初中后，课程数量增至七八门主科，每门学科的知识量和难度都大幅提升。虽然初中只有三年的学习时间，但其学习任务的总量和强度反而远超小学六年。这种学习强度的突然变化，往往让很多学生难以适应，从而导致成绩下滑。

专家指导

面对孩子上初中后成绩下滑的问题，家长需要采取一些实用的应对方法。家长一定要保持积极心态，不要轻易否定孩子，应给予孩子必要的支持和鼓励。希望家长再忙、再累，都要抽出时间来陪伴孩子。只要家长多一些耐心，孩子的成绩会越来越好的。

孩子升入初中后，成绩出现波动是很正常的现象，家长不必过分焦虑。小学和初中在学习要求和考查重点上有本质区别：小学阶段更侧重基础知识的记忆和积累，比如语文的古诗词默写、数学的公式运用、英语的单词考查；而初中阶段更注重考查学生的思维能力，如语文的深度阅读理解、作文的立意构思。有的孩子在小学阶段经常因作文写得好而被表扬，他们能写出很漂亮的排比句，能借鉴很多的名言警句。但进入初中之后，大多数孩子都已经学会了这些写作方法。初中语文老师对"光阴似箭，岁月如梭"这类句式早已审美疲劳，小学阶段引以为傲的"绝活"到了初中变得平平无奇。一般来说，在小学阶段，孩子只要上课认真听讲，把老师讲解的内容都学会，期末考试一般可以考到 90 分以上。家长要认识到，小学成绩好主要靠的是课堂专注力好和及时复习，而初中学习更需要独立思考能力。如果孩子在小学就养成了良好的听课习惯，课后能主动查漏补缺，这些好习惯会为初中学习打下基础。即便孩子成绩下滑了，只要家长保持耐心，帮助孩子调整学习方法，逐步培养思维能力，一定能渡过这个适应期。

孩子升入初中后，很多家长发现自己的辅导能力跟不上了，这是很正常的现象。在小学阶段，家长还能帮忙解决作业难题，但到了初中，尤其是初二以后，课程的专业性和难度大幅提升，有些家长辅导起来有些吃力。这正说明了一个关键问题：家长与其在小学阶段费尽心思帮孩子解答每道难题，不如把精力放在培养孩子的自主学习能力上。所以，智慧的家长会在小学阶段就注重培养孩子的学习习惯和方法，而不仅仅关注眼前的分数。当孩子进入初中后，这些基础能力会成为他们应对更复杂学习内容的强大支撑，远比家长临时抱佛脚的辅导要有用。记住，教育的最终目的是让孩子学会如何学习。

学习不仅仅是记忆和理解，更重要的是要培养解决问题的能力。当孩子在学习中遇到难题时，家长不要急于给出答案，而应引导他们自己思考，尝试不同的解决方法。这样的训练将使他们在未来面对挑战时更加从容。

如何帮助孩子养成良好的学习习惯 3

　　盼啊盼，我那活泼可爱的女儿终于告别了轻松愉快的小学生活，迈进了初中校园。女儿小升初考试的成绩是语文97分、数学91分、英语90分。这个成绩在我看来算是差强人意吧。女儿从小就是个"小书虫"。小学课本"读书吧"推荐的书目她全都读完了，初中的六册语文课本要求的12本名著，她也已经读完了10本。我平时买的《读者》杂志，她更是爱不释手。正是这样良好的阅读习惯，让她的语文成绩一直很出色。在初一上学期的期中考试中，她的语文成绩是107分，获得了年级第一。可让我发愁的是她的数学，只得了78分。起初，我简单地认为这只是因为刚上初中不太适应或者粗心大意。

　　时光流转，转眼到了2024年1月22日，女儿初一上学期的期末考试如期而至。1月23日早上8点，数学考试正式开始。1月25日下午2点，我怀着忐忑的心情去参加家长会。当看到那份成绩单时，我的心一下子沉到了谷底。回家的路上，车里安静得可怕，连彼此的呼吸声都能清晰地听到。我们默契地保持着沉默，但这种平静更像是暴风雨来临前的宁静。直到车子驶入小区车库，我终于控制不住内心的怒火。"数学55分！"我在车库里吼了起来，"计算题算错！课本上的原题也错！你到底有没有用心学数学？"

女儿抽泣着说："我一看到数学题就害怕，考试时脑子一片空白。妈妈，我明明很认真听课了，可老师讲得太快，我真的跟不上。"她越说越伤心，最后终于崩溃地号啕大哭起来。我的心像被揪住似的疼，可同时又涌上一股无名火。看着她哭得通红的眼睛和颤抖的肩膀，我张了张嘴，却不知道该说什么。

我意识到，一味地责备和抱怨解决不了任何问题。作为母亲，我需要静下心来，用智慧和耐心帮助女儿建立良好的学习习惯。看着女儿泪痕未干的脸庞，我不禁想起她语文学习的成功经验。在小学阶段，正是我和张老师密切配合，培养了她出色的阅读习惯，为语文学习打下了坚实基础。如今面对初中阶段的新挑战——科目增多、知识难度加大、时间更加紧张，我更需要保持学习的心态，积极配合各科老师，帮助女儿适应新的学习节奏。女儿数学成绩的持续下滑给我提出了新的教育课题。我决定以培养初中数学学习习惯为突破口，帮助女儿建立数学学习的自信心，制订适合她的预习、复习计划，寻找适合她的学习方法，并与数学老师保持定期沟通。

心理剖析

从这段亲子互动中，我们可以看到家长教育理念的转变轨迹。最初面对孩子成绩下滑时，母亲采取了严厉责备的方式，这反映了许多家长在面对子女学习问题时的第一反应。但随着对话深入，当孩子哭诉"上课听不懂""看到数学题就害怕"时，母亲开始反思，这种教育方式的转变极具典型意义。

孩子数学成绩不理想可能是多方面原因共同作用的结果。① 更换数学老师导致孩子需要不断适应新的教学风格，影响学习连续性。② 孩子长期数学成绩不佳，心里产生了挫败感，形成"我学不好数学"的心理暗示。③ 数学教学内容枯燥，缺乏趣味性，难以激发孩子的学习兴趣。④ 孩子尚未认识到数学的重要性，缺乏内在学习动力。⑤ 孩子的学习方法不当，仍沿用小学阶段的被动学习模式，缺乏课前自主预习、课后主动复习的习惯。⑥ 孩子缺乏钻研精神和坚持到底的毅力。初一的数学难度提升，当遇到难题时，部分孩子不愿意深入思考，容易放弃，导致问题越来越多，成绩下滑。⑦ 孩子产生自我怀疑，做题时信心不足。若孩子在数学学习中经常遭受挫折，就会认为自己学不好数学。⑧ 孩子在考试时过度紧张焦虑，影响正常发挥。⑨ 家长对孩子的数学成绩期望过高，孩子若没达到要求就会被批评指责，这使孩子产生恐惧心理，对数学学习产生负面影响。有些家长给孩子买各种数学资料，极度关注孩子的每次数学作业、周清、小测验，只要发现孩子把不该错的地方做错了，就呵斥责备，致使孩子每次上数学课、做数学作业、考试就紧张害怕。

专家指导

初中的学习与小学有很大不同，主要表现在时间紧、任务重、压力大，因此培养孩子的学习习惯迫在眉睫。那么，初中阶段应培养孩子哪些优良的学习习惯呢？

1. 培养孩子的时间管理习惯

"凡事预则立，不预则废。"初一上学期，家长应与孩子共同制订学习时间表。首先，孩子要学会合理分配时间，为每个学习任务安排特定的时间段，确保各项学习任务有序进行。其次，孩子要学会劳逸结合，合理安排休息和娱乐时间，避免长时间连续学习，以提高学习效率。

2. 培养孩子良好的预习习惯

首先，孩子应根据课程表制订每天的预习计划，明确预习科目和内容，合理安排时间。其次，孩子应快速通读所要预习章节的教材，了解章节的主要内容、重点和难点，标记不理解的地方，以便在课堂上重点关注。最后，孩子预习后可尝试做课后习题，检验预习效果，发现问题，增强课堂听讲的针对性。

3. 培养孩子良好的课堂学习习惯

专注听讲：孩子应集中注意力，紧跟老师思路，积极参与互动，主动思考问题，不做与课堂无关的事。做好笔记：孩子应用不同颜色的笔标记重点、难点和易错点，以提纲式、图表式等方式记录，课后及时补充完善。大胆提问：孩子有疑问应及时提出，与老师、同学交流探讨以解决疑问，加深对知识的理解。养成良好的课堂学习习惯是最主要的助力学习的好方法，因为课堂是学习的主要阵地，家长和学校应重点培养这个习惯。

4. 培养孩子良好的复习习惯

及时复习：孩子应在课后及时复习所学内容，通过回顾笔记、阅读教材等巩固知识。学会系统复习：孩子应每周、每月进行系统复习，梳理知识框架，找出知识间的联系与规律，形成完整的知识体系。错题整理：孩子应及时将错题整理到错题本上，分析错误原因，写出正确解法和思路，定期复习，避免再次犯错。

5. 培养孩子良好的作业习惯

独立完成：孩子要认真审题，独立思考并完成作业，不抄袭别人的作业。规范答题：孩子做作业时要书写工整、步骤完整、格式规范，养成严谨的学习态度。认真检查：孩子在完成作业后要仔细检查，避免粗心导致的错误。

千里之行，始于足下。家长与孩子共同学习、相互促进，使孩子养成良好的学习习惯，从而助力孩子成就更优秀的自我。家长亦能减轻教育焦虑，营造更加和谐的亲子关系。

考试前后，家长和孩子需要做什么

4

阳阳升入初二后，成绩一直稳居班级前十，甚至拿过第三名的好成绩。临近期末考试，我比他还着急，特地花了一整晚为他制订了复习计划，工工整整抄在A4纸上，又用彩色胶带贴在他书桌的正前方。看着那张密密麻麻的时间表，我仿佛已经看到他冲进前五名的样子。

"吃完饭马上写作业！数学习题必须做完，英语单词再记一遍……"这些指令像每天的背景音，阳阳早就练就了"自动屏蔽"的本事。他把书包往沙发上一甩，扭头就躲进卫生间，留我一个人对着紧闭的房门念叨。

晚饭时，阳阳把数学模拟卷对折了两次才塞给我，卷角上全是汗涔涔的指印。他扒拉着米饭，突然闷声说："妈，我一想到今天的数学考试试卷就头疼，明明很努力了，你让我做的题也做了，每天晚上学到11点才敢睡觉，怎么还是考不了高分？"我听出了他言语中的自责，但我盯着那个用红笔圈起来的分数，心里有点生气。

"上厕所十几分钟了，你是掉进去了吗？"我用力敲着厕所门，"手机交出来！别以为我不知道你在里面干什么！"门被猛地推开，他从厕所里冲出来，冲我大吼道："你看到我玩手机了吗？"吼完后，他气呼呼地回到自己房间。

连续几天，家里安静得能听见冰箱的运作声。阳阳和我之间仿佛隔着一道无形的墙，就连吃饭时碗筷的碰撞声都显得格外刺耳。考试前夜，我推开他虚掩的房门，走了进去。我一眼瞥见书桌上摊开的错题本上还有大片红叉，喉咙顿时发紧："这些重点怎么还没掌握？明天就考试了！"我没有注意到他本来就很紧张了，被我这么一催，更加心烦意乱了。他没心思再复习了，气得把书一扔就躺在了床上，嘟囔了一句："随便吧，反正也考不好。"

成绩下来了，儿子果真没考好，我也十分后悔和自责，或许我不该那么一直催促他，把他逼得这么紧。或许有些种子，埋得太深反而发不了芽；有些期待，说得太多就成了负担。

心理剖析

现在的学生背负的压力越来越大，尤其是考试成绩牵动着家长的心。每次考试前后，关于孩子成绩的各种故事都会在不同的家庭中上演。然而，比起分数，孩子的全面发展更为重要。

许多家长对孩子的考试成绩抱有较高期望，比如希望孩子能考第一名，或是达到某个特定标准。就像日记中阳阳的妈妈，她期望孩子能考到班级前五名。为此，阳阳妈妈为阳阳制订了严密的复习计划，甚至设立了规矩，并要求孩子无条件服从。这种做法很容易引发亲子矛盾，反而对孩子的学习状态产生负面影响。如果矛盾不能及时化解，长期积累可能导致更严重的后果。

此外，面对考试，孩子本身的压力已经比较大，情绪也容易波动。如果家长偏偏在这个时候频繁询问复习进度或反复强调考试的重要性，那么会让孩子感到烦躁。比如，当家长每天追问："今天复习得怎么样？这次有把握考好吗？"孩子可能会觉得家长根本不理解自己，甚至认为父母只关心成绩。这种沟通方式不仅无法缓解焦虑，还可能激化矛盾，引发亲子冲突。

家长面对成绩的态度，直接影响着孩子解决问题能力的培养。当得知孩子数学成绩不理想时，智慧的家长不会急于批评孩子，而是选择耐心指导他，帮助他分析错题原因，陪伴他攻克知识难点，甚至向他分享自己曾经的失败经历。这些举动看似平常，却能为孩子注入强大的精神力量。正是在这样的过程中，孩子才能明白：失败不是终点，而是成长的契机。唯有经历过挫折磨炼的孩子，才能以更从容的姿态面对人生困境，最终赢得属于自己的成功。

专家指导

面对考试，家长和学生应该如何应对才能取得理想结果？我们可以从家长和学生两方面入手。

1. 家长应该怎么做

家长平时应注重培养孩子的良好习惯，帮助孩子建立良好的学习模式。孩子往往在考试期间觉得时间不够用，因此，家长平时要教会孩子科学管理时间，让孩子预估各科作业所需时间，并思考高效完成作业的方法。比如，孩子可以先回顾当日知识点，待理解透彻后再开始写作业。这样坚持几天下来，孩子就会发现复习能使他更快地完成作业，这就是"磨刀不误砍柴工"的道理。一般情况下，每天都会有各个学科的作业，家长要教会孩子交叉完成文理科作业，有意识地避免大脑疲劳。同时，家长也可以让孩子优先完成感兴趣科目的作业，利用积极情绪提升学习效率。此外，家长可以让孩子记录每日各科作业实际用时，逐步优化时间分配方案。

考试前，家长与孩子的沟通要注意方式方法。日记里的阳阳妈妈没弄清楚孩子长时间待在厕所里的原因，就武断地认为孩子偷玩手机，直接激化了母子间的矛盾。家长应先耐心听听孩子怎么说，了解实际情况后再给孩子建议。同时，家长与孩子交流时要注意用商量代替命令，一定要给孩子选择的机会。因为家长用商量的语言的效果比用命令的语言好得多。比如早上叫孩子起床这么简单的事，如果家长凶巴巴地说："你再不起来就迟到了！你就自己去学校吧！"这样往往无法让孩子立马起床，反而会惹得双方都生气。聪明的家长就会说："你是现在起来，还是再睡2分钟起来？"如果孩子说："妈妈，我要再睡2分钟。"家长可以说："好的，我给你定闹钟，到时间你自己起来。"这种沟通方式既能解决问题，又能保护孩子的自主性。

家长要成为孩子学习路上的助力者。家长要客观分析孩子的学科优势和弱势，可以通过网络课程或请教任课老师等方式，有针对性地解决孩子的知识短板。当孩子考试成绩不理想时，家长切忌一味责备，而要耐心了解孩子的学习状态，与孩子一起分析试卷错题，把每个知识点都弄懂。这样才能真正帮助孩子重建信心，为后续的考试打下坚实基础。家长要用理解代替指责，用辅导代替训斥，让孩子感受到爱和支持。

考试结束后，家长要多关注孩子的情绪。当孩子成绩不理想时，家长可以给孩子一个拥抱，告诉他："这次没考好没关系，我们一起分析原因。"这样的安慰能让孩子感受到无条件的爱。当孩子取得好成绩时，家长在和孩子分享喜悦之余，可以这样说："妈妈看到你的努力得到了回报，真为你高兴！你觉得哪些方法特别有效呢？"这样既肯定了成绩，又引导孩子反思成功经验。最重要的是，家长要和孩子一起分析考试成绩，帮助孩子认识成绩背后反映的问题。根据分析的结果，家长和孩子一起制订合理的学习改进计划，比如每天花15分钟专门练习计算题。这样的陪伴式引导，远比单纯的说教更有力量。

2. 孩子应该怎么做

（1）制订合理的复习计划。这个计划不仅要涵盖学校的统一复习内容，更要根据考试范围和个人学习情况，将各科复习内容按优先级和难易程度进行划分，科学安排时间。例如，重点科目可以分配多一些时间，而已经掌握较好的知识点只需简单回顾。只有制订合理的计划，才能更高效地利用自主时间，提升复习效率。

（2）梳理知识点，并适当进行模拟训练。通过回顾课堂笔记、教材等资料，构建清晰的知识框架，将零散的内容系统化。例如，复习历史时，可以按照时间轴梳理各朝代的政治、经济、文化特征，形成整体认知。同时，适当练习模拟题，熟悉考试题型和节奏，并重点分析错题，找出薄弱环节，查漏补缺。

（3）保证充足睡眠。无论是考前还是日常学习，都应避免熬夜复习，尽量确保每天 7~8 小时的睡眠，让大脑和身体得到充分休息。只有这样，才能在考试时保持最佳状态，发挥出真实水平。

（4）理性看待考试成绩。无论考试成绩如何，都应保持平和心态。若成绩理想，切勿骄傲自满，而应总结有效方法；若成绩不佳，也不必过度沮丧，通过错题分析薄弱环节，是知识点疏漏、审题粗心，还是其他原因？针对知识性错误，要及时查漏补缺，巩固学习效果。

（5）学会调节考后心理。考试结束后，不妨通过与朋友小聚、参加兴趣活动等方式缓解压力。这样能快速调整状态，以迎接后续挑战。千万不要因单次考试成绩影响长期的学习动力，而应将其视为成长契机，及时优化学习方法。

（6）学会考后复盘。考试并非终点，而是新的起点。建议根据试卷分析结果，总结需强化的科目及知识点、动态调整学习计划。

5 别让暑假悄悄溜走了

傍晚，我拖着疲惫的身子回到家里。最近公司项目赶进度，已经连续加班一周没顾上儿子了。放假几天了，这孩子天天抱着篮球早出晚归，也不看看自己的成绩下降了多少，今天非得跟他好好谈谈不可。

我刚放下包喝了口水，就听见开门声。儿子满头大汗地闯进来，校服上沾着草屑，怀里还抱着那个磨破了皮的篮球。看到他又是一副打球回来的模样，我顿时气不打一处来："站住！你看看现在几点了？课本都落灰了吧？"

本来想好好和他谈谈，他却辩解道："平时上学已经够累的了，放假还不让我玩一下啊！"

我这一听，心里的火气就更大了："你就是因为太贪玩了，成绩才下降这么多的。"

"非要我变成书呆子，你才高兴吗？"儿子不满地回应道。

"你现在是中学生，最重要的任务就是学习，心思就应该放在学习上。"我越说越来气，"很多孩子暑假都上辅导班，我也给你报名了，下周开始上课。"

接着，我将之前报名的暑假辅导班的课程表扔给了儿子。

儿子一看，周一到周五几乎全排满了，大声喊道："你怎么都没和我商量就报了这么多！我才不去辅导班呢！"

"我和你爸辛辛苦苦赚钱供你读书，你就这样对待我们？"我气得声音都有些发抖了。

他爸爸走到门口就听到吵闹声，赶紧进门，说道："你上初中了，应该懂事了。别人拼命学习的时候，你却整天玩，这怎么行？"

看着儿子默默走进书房的身影，我悬着的心总算稍稍放下。我看着期末试卷上那些刺眼的分数，一个决心在心底愈发清晰：这个暑假必须狠抓学习。

心 理 剖 析

初中阶段是孩子身心快速发展的时期，在暑假这个相对自由的时间段，有些孩子可能会放松懈怠，也有些孩子会暗自努力。这时候家长的引导特别重要，家长既要避免过度施压，又要防止完全放纵。如何帮孩子规划一个既充实又快乐的暑假，家长确实需要费些心思。

初中阶段的孩子在暑假往往出现矛盾的心理状态。经过紧张的学习后，他们既渴望彻底放松，摆脱课业压力，享受自由支配时间的快乐；又期待探索新事物，通过阅读、旅行、兴趣活动等方式拓宽视野。这种渴望成长与需要休息的双重需求让孩子们出现了不同的行为。有的孩子会主动安排有益身心的活动，比如参加科技展览培养兴趣、进行体育运动强健体魄、参与社会实践增长见识。这些积极体验不仅能带来愉悦感，更能促进自我认知的发展。还有部分孩子完全松懈，作息紊乱，沉迷游戏。因此，家长既要给予孩子适当的自由空间，让孩子体验自主规划的成就感；又要提供必要的引导，避免完全失控。

日记中的妈妈担心儿子在暑假期间过度玩耍、荒废学业，想让孩子上辅导班以查缺补漏。她认为学生就应该全心投入学习，与孩子沟通时总是围绕学习，却忽视了孩子其他方面的需求。而孩子逐渐形成自我意识，开始挑战妈妈的权威。妈妈对孩子的反抗感到伤心和困惑，转而采取更严厉的压制态度，导致孩子的反抗更加激烈，亲子关系陷入恶性循环。日记中的爸爸态度相对缓和，但沟通时仍带着不容置疑的语气。如何度过一个有意义的暑假？关键在于父母的耐心沟通与孩子的自我规划。父母应以平等温和的态度对待孩子，尊重并倾听孩子的诉求，但并不是满足孩子的所有诉求。对于那些不能满足的诉求，家长要用浅显易懂的方式向孩子说明原因。双方可共同探讨解决方案，在此过程中，家长要留给孩子独立思考的空间，逐步培养他们自主规划生活的能力。

专家指导

对于孩子来说，暑假既是放松的时间，也是提升自我的好机会。要想度过一个充实而有意义的暑假，父母与孩子们应当共同努力，学会正确"打开"假期。

暑假期间，孩子既要完成作业，更要走出书房，通过参加丰富的综合实践活动激发兴趣、培养创新意识、锤炼精神意志、增强社会责任心和使命感。孩子要勤快，例如可以每天参与家务劳动，在劳动中感受家庭的温暖；可以制订"健康半小时"运动打卡表，以缓解学习的压力。孩子要走出去，用心感受世界的美好。例如，探访课本里的名胜古迹，与它来一场"蓄谋已久"的相遇；参与志愿活动，传递温暖，为酷暑中坚守岗位的劳动者送清凉；也可以体验父母的职业日常，感受父母的辛劳，拉近亲子关系。在时间安排上，孩子需主次分明，按优先级将任务填入"暑假专属日历"，单日任务量要适中，避免贪多而产生挫败感，应循序渐进、量力而行。同时要注意劳逸结合，将书面作业和实践任务交替推进，让假期既充实又轻松。

拖延是计划最大的敌人，"3 秒行动法则"便是破解拖延的利剑，即每当任务来临，若能在 2 分钟内完成，就立即倒数 3 秒，3 秒之内必须行动。不妨将这一法则化为每日的"魄力闹钟"，时间设定在计划开始的 2 分钟前，闹钟一响，3 秒之内必须就位，让身体形成条件反射，快速进入学习状态。独行者速，众行者远。孩子可以寻找两三个志同道合的学伴，组建"学习攻坚团"，通过每日云端打卡、视频监督、语音抽查等方式相互督促。

家长同行，成长加倍。假期是亲子共成长的黄金期，智慧陪伴能为孩子的学习注入持久的动力。例如，家长和孩子共读名著，可以就书中情节展开辩论，也可以一起撰写读书手账。作为"成长合伙人"，家长可与孩子共同制定"假期公约"，设立"里程碑奖励"——完成阶段目标即可解锁家庭露营、科技馆参观等体验式奖励。家长在陪伴过程中要注意方法，例如，每天进行"3 分钟复盘"，先倾听孩子自评，再补充建议；用"你觉得这个方案如何优化"代替直接给答案。

6 了解并尊重孩子的交友圈

身边的朋友常说："孩子上了初中，尤其是初二，叛逆最严重了，说什么都不听，还会顶嘴……。"听得多了，我心里不免有些害怕。虽然我家女儿目前并没有这些表现，但想到她即将升入初二，还是会担心她突然变得难以沟通、叛逆，甚至早恋……唉，真是越想心里越忐忑。不过转念一想，女儿这两年比起小学时期确实进步不少，我们的母女关系也越来越亲密。即便如此，我心里难免还是会有些焦虑。

今天是周五，女儿在回家的路上和我说："妈妈，下周一是我同学的生日，我想先去给同学选个礼物再回家，可以吗？"

我心里一惊，这是女儿第一次提出来要给同学送生日礼物，以前我让她给同学送礼物，她都嫌麻烦。面对孩子突然的变化，我还是故作镇定地问："你哪个同学过生日？"

闺女也不隐瞒，告诉我同学的名字。这个名字让我判断不出是男生还是女生。

我又问："他还告诉了哪些同学？"

女儿耐心地向我说明了情况。听着她报出的名字，我忍不住暗自揣测：是男生还是女生？成绩如何？在班里是否调皮？……那一刻，我忽然意识到自己简直像个侦探，正试图从这些信息中找出任何可能影响女儿的蛛丝马迹。

我和女儿商量："咱们先回家吃晚饭，然后让爸爸开车，带上弟弟一起去给你同学选礼物，怎么样？正好全家人还能顺便逛逛街。"女儿听了点点头，欣然同意了。

晚饭后，我们全家一起去了商场。孩子爸爸带着小儿子去看新上映的电影，我则陪着女儿精心挑选生日礼物。在逛礼品店时，女儿难得地和我聊起她的好朋友，原来这是她在初一军训时就结识的伙伴，也是转学后交到的第一个朋友。看着女儿认真比对礼物的侧脸，我突然意识到，那个需要我帮忙挑选儿童节礼物的小女孩，现在已经会为朋友的生日这么用心准备了。

此刻，我不禁有些自责。作为母亲，我一直以为自己很称职——精心照料孩子的饮食起居，用心营造良好的学习环境。可直到今天，女儿上初中一年多后，我才第一次知道她最好的朋友是谁。值得庆幸的是，从女儿的描述中能听出，她交往的都是品行端正的好孩子。

心 理 剖 析

相信大家都读过孟母三迁的故事。孟子的父亲在孟子很小的时候就去世了，母亲独自抚养他长大成人。孟母是一个非常有眼界的人，她靠着替人洗衣服维持生计，节衣缩食只为将儿子培养成才。最初，他们住在墓地附近。年幼的孟子常被邻家的孩子带到墓地玩耍，时间久了，孟子就和小朋友们一起模仿送葬的仪式。孟母察觉后，认为这种环境不利于孩子成长，当即决定搬迁。第二次，他们搬进了闹市居住，这个地方紧邻市场，久而久之，孟子又开始模仿商贩吆喝叫卖。孟母见状，毫不犹豫再度搬迁。最终，他们在学堂旁安了家。学堂中的读书人都很有修养，见面都会礼貌地打招呼。时间一长，孟子也学那些读书人有礼貌地和别人打招呼。看到儿子的蜕变，孟母欣慰地在此长住下来。正是母亲这份择邻而处的智慧，为孟子日后成为儒家亚圣奠定了重要基础。

孟母深谙环境对人格塑造的关键作用。她搬了三次家，就是为了给孟子寻找一个良好的外界环境。她三迁其居的智慧，在现代心理学中被称为邻里效应——即个体的成长轨迹与行为模式会受所处环境的影响。这提醒家长要像孟母一样重视孩子的成长环境，主动引导孩子结交品行端正的朋友，让积极的邻里效应助力孩子健康成长。

专家指导

家长是否需要了解孩子在学校的交友情况呢？答案无疑是肯定的。在孩子的成长过程中，通过与同伴的互动，孩子得以提高沟通技巧以及培养问题解决能力，同时逐步形成健康的社交情感与价值观念。因此，家长应当在尊重孩子自主性的前提下进行适度引导，重点把握以下原则。

1. 了解孩子的朋友圈

家长应当通过开放、平等的沟通来了解孩子的交友情况。建议每天抽出固定时间与孩子轻松交流，比如，家长可以在放学路上自然地问起："今天和哪个同学玩得最开心？"在交流中，家长要多倾听少评判，可以说"听起来这个朋友很有趣"来表达认同，避免直接否定孩子的朋友。家长要用关心的口吻说"爸爸妈妈很想知道你平时都在和哪些小伙伴一起玩"，既表达重视又尊重孩子的选择。

2.帮助孩子树立健康的交友观，培养孩子的社交技巧

家长可以通过多种方式帮助孩子树立健康的交友观。首先，家长应当充分利用日常社交场景，如家庭聚会、社区活动，让孩子在实践中学习人际交往的技巧。父母自身的行为示范尤为重要，家长要展现真诚、友善的待人方式，让孩子在潜移默化中学会如何与人相处。家长应引导孩子关注朋友的内在品质如诚信、同理心、责任感，不要过分关注外在条件。同时，家长要鼓励孩子保持开放的心态，主动接触不同性格的伙伴，这有助于拓宽社交圈。

3.为孩子提供良好的交友机会

家长应鼓励孩子积极参与学校组织的各类活动，如社团、兴趣小组或志愿服务，这些都是结识志同道合伙伴的良好平台。家长也可以主动创造社交环境，比如定期邀请孩子的同学来家中聚餐、玩耍。此外，家长可以带孩子参加图书馆的读书会、公园的亲子活动等，让孩子在更广阔的环境中接触更多的伙伴。

4.教会孩子处理朋友间的冲突

家长可以通过教育让孩子了解到交往不同类型朋友的利与弊、如何选择合适的朋友，以及如何处理朋友间的矛盾和冲突。家长要教会孩子如何识别和管理自己的情绪，避免在冲突中做出冲动的决定。家长也要鼓励孩子学会倾听和表达自己的感受，用积极的方式解决朋友间的分歧。当孩子遇到难以解决的交友问题时，家长应鼓励孩子向老师、亲友或其他可信赖的成人寻求帮助。

5.关注孩子的社交安全，但不过度控制

家长要关注孩子的交友情况，但不应过度控制，尊重孩子的隐私和自主权，让孩子在家长的关注下自由成长。同时，家长要引导孩子学会保护自己，避免在交友过程中受到欺凌或不良影响。

6.适时给予孩子合理化的建议

当孩子努力与他人建立友谊或解决交友问题时，家长应给予正面的反馈和鼓励。家长要让孩子知道交友是一个学习和成长的过程，重要的是从每次经历中吸取教训。当孩子遇到交友问题时，家长可以给予建议，但最终的决定权应留给孩子，以培养他们独立思考和决策的能力。

通过采用这些原则，父母可以在尊重的前提下了解孩子的交友圈，帮助他们建立健康、积极的交友关系，为他们的成长和发展打下坚实的基础。同时，家长也要记住，每个孩子都是独一无二的，要根据孩子的具体情况灵活调整育儿方法。

青春期孩子的穿衣打扮

7

今天，女儿的班主任再次在班级群里提醒："请家长利用周末时间给孩子整理仪容仪表，很多同学的头发需要修剪了。"老师之前也单独提醒过我，说孩子刘海遮眼睛，建议修剪一下。

关于刘海的问题，我已与女儿沟通多次。这孩子却像守护城堡的卫兵般"誓死捍卫"她的刘海，坚决不肯修剪。今晚吃饭时，望着那几缕快要掉进碗里的刘海，我又忍不住唠叨她："宝贝，妈妈帮你用发卡把刘海固定住，好不好？这样挡着眼睛，上课看黑板会不会很吃力？"回答我的只有筷子碰触碗壁的轻响。她始终低着头，仿佛要把脸埋进米饭里。我咽下已到嘴边的叹息，餐厅重归寂静。忽然，一阵极力压抑的抽泣声打破了沉默。我知道，自己又一次越过了她划定的界限。收拾碗筷时，我试着用轻松的语气打破僵局："妈妈只是觉得露出额头更精神，而且老师也建议周末整理发型呢。明天我们去理发店稍微修短一点点，好不好？"回应我的是女儿突然决堤的眼泪和更长久的沉默。

进入初二后，女儿并没有出现想象中的激烈叛逆，但这种安静的反抗更让人无措。她开始用奇特的穿衣打扮宣告成长：刘海越来越长，几乎要遮住半张脸；校服裤脚总是高高挽起，即使寒冬腊月也要固执地露出脚踝；书包上挂满夸张的文字挂件，那些明星名字和陌生符号在她眼里似乎有着特殊意义。她不再像小时候那样，一进门就叽叽喳喳地围着我转，而是安静地穿过客厅，轻轻关上房门。那扇紧闭的房门，就像她渐渐对我关闭的心门，让我站在门外，不知所措。

我总在想，这些奇特的穿衣打扮是属于女儿这个年龄阶段的潮流吗？我在不断尝试了解她，可她为什么就不愿意和我好好沟通呢？哪怕她简单的一句"妈妈，我就是觉得这样的刘海好看"，也能让我这颗悬着的心安然落地。

心理剖析

初二的孩子正处于青春期发育阶段，不论是生理还是心理都在快速发生变化。孩子的第二性征逐渐显现，他们开始注重自己的形象，也开始在乎自己在他人眼中的形象。那些我们认为"怪异"的装扮，往往是他们笨拙的自我保护，肥大的卫衣可能是为了掩盖对体型的不安，厚重的刘海或许是为了遮挡额头上冒出的青春痘。他们的自我意识逐渐增强，开始渴望摆脱对父母的依赖，追求独立，试图证明自己已经长大成人。他们渐渐地不愿接受父母或老师的建议，甚至认为这些建议是对自己的不信任，从而产生厌烦情绪，回避与父母、老师的沟通。他们可能会要求拥有独立房间等私人空间，反感父母随意进出；也可能会通过独特穿着等方式表达个性，宣告自己与众不同。他们的情绪也变得更加不稳定，容易因小事而波动，时而兴奋，时而低落。

此外，流行文化也深刻影响着初中生的行为方式。当下的偶像明星、团体舞台造型、时尚杂志、社交媒体穿搭风潮以及网络流行语等，都在强烈吸引着这个群体。初中生对新事物的接受度高，会自然而然地模仿这些流行元素，并将其融入日常生活。与此同时，青春期的孩子格外重视同伴关系，他们希望获得群体的认同，这种心理需求会使他们产生从众行为。有时他们的某些举动可能并非本意，而只是为了融入群体、获得认可。

专家指导

面对青春期孩子的个性化表现，家长不妨以更开放的心态看待——每个时代都有其独特的审美与表达方式。那些花里胡哨的装扮、突然变化的喜好，往往是孩子探索自我、寻求认同的外在表现。家长应该如何应对青春期孩子个性化的穿衣打扮呢？

1. 理解并接纳孩子的情绪

青春期孩子的激素水平变化显著，出现情绪波动属于正常现象，甚至可能出现阶段性的"仇亲期"，即当父母进行教育或说理时，孩子表现出言语或行为上的反抗。面对这些变化，家长需避免过度焦虑，应认识到这是青春期孩子的常见现象，保持平和心态才能帮助孩子更好地度过这一特殊时期。当孩子情绪激动时，家长应优先给予肢体安抚（如拥抱）或安静陪伴，待情绪平复后用开放式提问引导孩子表达："我注意到你很难过，愿意和我聊聊发生了什么吗？"通过共情让孩子感受到情绪被接纳，逐步培养其情绪认知能力。要特别注意的是，家长不能在孩子情绪爆发时表现出更强烈的情绪反应，家长的情绪稳定是帮助孩子学会情绪调节的关键示范。

2. 营造安全信任的沟通环境

首先，青春期的孩子都渴望拥有自己的独立空间，家长要尊重孩子的这一需求。比如，家长进孩子房间前要先敲门，不随意翻看孩子的日记或手机。其次，家长要营造宽松、包容的家庭氛围，避免一味强调"家长权威"。比如，耐心倾听孩子分享学校的事情，哪怕内容再琐碎也不打断、不评判，让孩子感受到被尊重，只有这样，孩子才愿意倾诉内心的感受。家长还要给孩子足够的自主空间，让他们感受到被信任和尊重，这样孩子才更愿意向家长敞开心扉。

3. 寻找共同话题

家长可以通过展示求知欲来寻找共同话题，拉近亲子距离。当孩子做出家长不理解的行为时，家长不要急于否定或要求孩子按照自己的意愿整改，可以尝试理解为这是孩子探索自我、表达个性的方式。比如，孩子穿了一件夸张的衣服，家长不要大惊小怪，可以平静地说："你今天的穿着挺特别的，能跟我讲讲为什么喜欢这样穿吗？"如果孩子喜欢音乐，家长可以主动了解他喜欢的歌手和音乐风格，通过讨论偶像和作品，引导孩子树立正确的审美观和价值观。当然，如果发现孩子的某些行为受到不良影响，家长一定要帮助孩子明辨是非，但要避免简单粗暴的举止。

更重要的是，家长需要意识到，一个和谐温暖的家庭环境才是孩子健康成长的基石，营造充满爱的家庭氛围，比任何教育技巧都更为重要。

单亲家庭的生活也很精彩

8

今天是个阳光明媚的日子，我和孩子一起度过了充实且精彩的一天。

清晨，阳光透过窗帘的缝隙轻轻拂过脸颊，将我从睡梦中温柔唤醒。看着身边熟睡的孩子，我的心中充满了感激和爱意。

我们一起准备了简单的早餐，他负责给面包抹果酱，我负责煎鸡蛋。虽然做出来的三明治形状不太规整，但看着他认真摆盘的样子，觉得这比任何早餐都更美味。餐后，孩子主动洗碗，看着他那认真劲儿，我心中不禁感慨，他真的长大了。

上午，我带着孩子去了附近的公园。公园里有许多家长带着孩子玩耍，我们加入了他们的行列。孩子和同龄的小伙伴们一起踢足球，笑声此起彼伏。我在一旁看着，心里暖洋洋的。

中午，我们在公园的小吃摊位上吃了点简单的午餐。

孩子吃得津津有味，还不停地和我分享他在学校里的趣事。我认真地听着，感受着他的成长和变化。

下午，我们一起去了图书馆。孩子挑选了几本他感兴趣的书籍，我则找了一些关于家庭教育方面的书籍。在安静的环境中，我们各自沉浸在书海中，享受着知识的滋养。

傍晚，回到家后，孩子主动帮我做起了晚饭。虽然他的厨艺不太好，但那份心意让我倍感温暖。晚饭后，我们一起制订了明天的学习计划，他承诺会按时完成作业。

晚上，在孩子入睡后，我独自坐在客厅，回顾了这一天的点点滴滴。虽然单亲家庭的生活有时会感到疲惫和压力，但每当看到孩子的笑脸，听到他的笑声，我就觉得一切辛苦都是值得的。我相信，只要我们携手努力，精彩地过好每一天，阳光总会出现在风雨后。

心理剖析

因单亲家庭的特殊性，家长更应注重培养孩子的独立性和责任感，营造充满爱的成长环境，以促进亲子关系健康发展。

近年来，随着离婚率持续攀升及社会风险等不可控因素增多，单亲家庭的数量呈现显著增长趋势。在单亲家庭中，父亲或母亲角色的缺失会导致亲子关系的转变，进而影响家庭系统的正常功能。孩子通常通过与父母的交流和互动来获取物质支持和情感满足，并在此过程中逐渐形成自我意识。由于生活压力，单亲家长往往缺乏与孩子的互动沟通，极易忽视孩子情感方面的需求。而青春期孩子的心智发展并不成熟，与家长沟通的自觉性和主动性较弱，这进一步加剧了亲子间的沟通障碍。

大量研究表明，亲子关系的健康程度与孩子的心理健康水平密切相关。单亲家庭的儿童更容易出现心理问题，如抑郁、社交焦虑，而这些问题的出现与亲子沟通障碍存在显著关联。家庭对个体的社会化发展具有深远影响，其中母亲角色尤为关键。母亲对待孩子的态度和方式不仅会影响亲子间的沟通方式和相处模式，还会影响孩子与同辈群体的互动方式，甚至对其成年后的人际交往能力产生持久影响。

因此，亲子关系的健康与否，关乎着单亲家庭的儿童能否健康成长，关乎着单亲家庭能否正常运转，更在宏观层面上关乎着整个社会能否平稳运转。

专家指导

在探讨单亲家庭如何构建和维护良好的亲子关系时，我们首先需要认识到，单亲家庭虽面临着独特的挑战，但通过沟通与共同努力，同样能够建立起温暖和谐的家庭氛围。笔者从以下几个方面深入阐述如何在单亲家庭环境中促进亲子关系的健康发展。

1. 理解单亲家庭的特殊性

单亲家庭，即由单身父亲或母亲与其未成年子女共同组成的家庭结构。这种家庭模式通常面临着更为显著的经济压力、情感负担。因此，单亲家长首先需要完成自我接纳与心理调适，既要充分肯定自身的价值与能力，又要避免因外界评价而产生自我怀疑。与此同时，家长应当充分理解子女在这一变化中可能出现的情绪反应，包括失落感、焦虑情绪和安全感缺失等问题，并给予他们充分的情感支持与耐心引导。

2. 增强情感联结

情感联结是亲子关系的基石。单亲家长应努力创造温馨、稳定的家庭环境，让孩子感受到无条件的爱与支持。这包括但不限于日常的问候、拥抱、表扬和鼓励，以及在孩子需要时提供及时的帮助和安慰。通过共同参与家务、准备晚餐、观看电影等日常活动，可以增进亲子间的情感交流，让孩子感受到自己是家庭不可或缺的一部分。

3. 采用有效的沟通策略

良好的沟通是解决问题的关键。单亲家长在与孩子沟通时，应保持开放、倾听的态度，鼓励孩子表达自己的感受和想法。同时，家长也要注意沟通的方式和时机，避免在情绪激动时进行重要对话。家长可采用"我信息"的表达方式，即描述自己的观察、感受和需求，这样有助于减少冲突。此外，定期的家庭会议也是一个很好的沟通平台，可以让孩子参与到家庭的决策中，增强他们的责任感和归属感。

4. 共同参与活动

共同参与活动是加深亲子关系的重要途径。单亲家长可以根据孩子的兴趣和年龄，安排一些亲子活动，如户外运动、手工制作、阅读分享。这些活动不仅能增进亲子间的互动和默契，还能帮助孩子发展兴趣爱好，增强自信心。在活动中，家长应积极参与，给予孩子正面的反馈和鼓励，让他们感受到成功的喜悦和家长的陪伴。

5. 寻求外部支持

单亲家庭的亲子关系维护需要更多的耐心和技巧，同时积极寻求外部支持可以减轻压力并帮助孩子健康成长。如果孩子出现心理问题，家长可以联系学校心理老师或公益心理咨询机构。单亲家长也可以加入单亲家庭互助社群，比如"单亲妈妈联盟"或"单亲爸爸俱乐部"，通过分享育儿经验减少孤独感。

6. 培养孩子的独立性和责任感

单亲家庭的环境可能让孩子更加依赖家长，因此，家长要注意培养孩子的独立性和责任感。家长可以通过分配适当的家务、鼓励孩子参与社区服务等方式，让孩子学会承担责任、解决问题。同时，家长也要教会孩子管理好自己的情绪和时间，培养他们的自律能力和自信心。这样，孩子不仅能在家庭中找到归属感，也能在未来的生活中更加从容地面对挑战。

单亲家庭构建良好的亲子关系虽非易事，但绝非不可实现。通过理解单亲家庭的特殊性、增强情感联结、采用有效沟通策略、共同参与活动、寻求外部支持以及培养孩子的独立性和责任感等关键举措，单亲家长完全能够为孩子打造一个充满爱与温暖的成长环境。这一过程不仅是孩子的成长之旅，更是家长与孩子相互成就、共同书写幸福人生的珍贵历程。

9 正视孩子的退步

孩子上初二了，期末考试刚刚结束，不知道考得如何，因此，这几天我一直有些紧张和焦虑。最近，我忙于其他事务，对他的学习难免疏于关注。

周日，班级群突然弹出班主任的通知：可以查成绩了。我立刻登录系统，结果却让人心头一沉，孩子的成绩明显退步了。瞬间涌上的怒火让我脱口而出："过来看看你的成绩！怎么退步这么多！"孩子盯着屏幕，嘴唇抿得发白，最终什么也没说。

我深吸一口气，努力压下心头的焦躁，尽量用平和的语气问："这次成绩下滑了，是学习方法不对，还是学习内容太难了？妈妈知道你是上进的孩子，成绩下降肯定不是因为你不努力。"孩子低着头，沉默了一会儿，终于开口："最近我有点浮躁，没静下心来学习。"

看到孩子难过的表情，我的火气渐渐消了，轻声说："那我们一起来分析错题吧。"我仔细检查数学试卷后发现，选择题和填空题的正确率还可以，但计算题因为粗心扣了不少分，后面的大题更是每道都失分，有的是思路不清晰，有的是步骤不完整。我指着错题说："这些题目其实你都会做，要是计算再仔细点，答题步骤写完整些，成绩就能提高不少了。咱们以后在这些地方多注意些，好不好？"孩子点点头，眼神里多了几分坚定。我又对孩子说："这些错题能够反映出你的基础知识掌握得不扎实，你要把基础打牢。"

"妈妈，我以后会加强练习的。"孩子认真地说。随后我又和孩子一起分析了其他科目的错题。

心理剖析

在初中的学习生涯中，孩子面临着诸多挑战，其中之一便是成绩的波动。当原本成绩优异的孩子突然出现成绩退步时，这往往不仅仅是学习方法的问题，更可能是孩子的心理状态发生了变化。笔者从以下四个方面对初中孩子成绩退步的心理原因进行剖析。

1. 学习压力与焦虑

初中阶段的学习任务越来越重，孩子要面对越来越多的学科内容，也要应对各种各样的考试。这种压力常常让孩子感到焦虑不安，担心自己无法达到家长和老师的期望。孩子长期处于这种压力状态下，可能会产生逃避心理，对学习失去兴趣，从而导致成绩下滑。

2. 自我认知的偏差

初中生正处于青春期，自我认知尚未完全成熟。在这个阶段，孩子可能会因为偶尔的考试失利而对自己产生怀疑，认为自己不适合学习。这种自我认知的偏差会严重影响孩子的学习积极性和自信心，使他们在面对困难时更容易放弃。

3. 人际交往的困扰

初中生更加注重同伴关系，人际交往成为他们生活中的重要部分。然而，并不是每个孩子都能欢快地融入集体，找到归属感。一些孩子可能因为性格内向或与其他同学产生矛盾，从而陷入孤独和沮丧之中。这种情绪状态会分散孩子的注意力，降低学习效率，从而导致成绩下降。

4.家庭环境的影响

家庭环境对孩子的成长和学习有着非常重要的影响。家庭氛围紧张、父母关系不和或父母对孩子期望过高都会给孩子带来非常大的心理压力。在这种环境下成长的孩子，往往缺乏安全感和自信心，难以全身心投入学习，从而导致成绩下降。

总之，孩子成绩退步是一个复杂的问题，需要从多个角度进行剖析。只有当家长和老师真正理解了孩子的内心世界，才能找到有效的方法来帮助他们重拾信心，重新找回学习的乐趣。

专家指导

针对以上原因，家长和老师应该采取积极的措施帮助孩子走出困境。首先，家长与老师要关注孩子的心理健康，及时与他们沟通，了解孩子的想法和困扰；其次，家长和老师要合理降低对孩子的期望，避免给孩子过大的压力；最后，家长要营造一个温馨和谐的家庭氛围，让孩子在爱与支持中健康成长。

家长应以平和的心态看待孩子的成绩。孩子的学习状态在不同的阶段会有所波动，成绩自然也会随之变化。当孩子考得好时，我们要提醒他不要骄傲，同时总结可以继续保持或提升的地方；当孩子考得不理想时，我们要鼓励孩子，帮助他树立信心，一起分析问题并制定新的目标。家长用这样的平常心对待成绩，才能让孩子摆脱情绪困扰，在稳定的心态中专注成长，既不会因成功而浮躁，也不会因失败而气馁，从而将更多精力用在真正有意义的学习上。

　　学习就是一个不断总结、提升的过程，考试的最大意义在于检测孩子对知识的掌握情况，从而帮助孩子查漏补缺。家长应陪孩子一起认真分析试卷、找出丢分的原因。通过深入的剖析，家长帮助孩子建立正确的自我认知，在反思中不断完善自己。要知道，真正的成长来自对每一次经历的清醒认识。任何考试都只是人生长河中的一朵浪花，而螺旋式上升才是成长的永恒轨迹。

10 父母要用孩子喜欢的方式表达爱

最近，我发现儿子和一个同学走得特别近，一起上学、放学，老师也向我反映他们课间也总是待在一起。让我担忧的是，那孩子不仅成绩欠佳，前些天还因家庭矛盾离家出走过。今天接孩子时，我又看见他们结伴出校门，我忍不住提醒孩子："别让人家影响你学习，交友要慎重……"

我话未说完，儿子竟前所未有地打断我："别说了！什么事情都得听你的吗？"

回到家，他将自己关在房间里，我的心里五味杂陈。我一直以为，自己的关心是温暖的羽翼，能护着他少走弯路。可不知从何时起，这些叮嘱在他那里成了刺耳的噪声。恍惚间，记忆闪回他小时候，我说"天冷加衣"，他就笨拙地套上毛衣；我说"好好吃饭"，他便把饭吃得干干净净。那时他总仰着小脸，搂住我的脖子甜滋滋地说："妈妈最好了！"可现在，他长大了。我的那些叮嘱，却成了他的负担。

我是不是真的管得太多了？当他兴奋地说要参加篮球比赛时，我却担心会影响学习而阻止了他；吃饭时，当他皱着眉头推开韭菜时，我担心他营养不均衡，坚持让他吃；当他沉浸在科幻小说里时，我担心占用太多学习时间，只允许他在寒暑假看会儿；他想和朋友出去玩，我也会因为不放心而规定他必须几点之前回家。我知道，孩子需要朋友，需要有自己的空间，但在我心里，学习始终是他这个阶段最重要的任务。我总是害怕他一不小心就走偏了。

晚上，我躺在床上，辗转反侧，心里反复思考：我为孩子付出了那么多，不但换不回一声感谢，反而让孩子厌烦。我到底应该怎么做才能让孩子明白我是真的爱他呢？

心 理 剖 析

孩子从小学升入初中后，身心迅速发展，自主意识增强，渴望摆脱对父母的依赖。他们开始用自己的方式认识世界，不再全盘接受父母的意见。

很多时候，家长对孩子的过高或过多要求可能就是一种"非爱行为"。在心理学中，"非爱行为"就是以爱的名义对自己最亲近的人进行强制性的控制，要求其按照自己的意愿行事。这种现象在亲子关系中尤为典型。"你为什么非要上南大呀？""我就是想要逃离你！"这是电视剧《小欢喜》中宋倩找到女儿乔英子时两人的对话。宋倩对英子的爱可谓深沉，她将自己的全部精力都投入英子身上，对其生活、学习事无巨细地管控，一心希望英子选择就近的大学，留在自己身边。而英子却渴望逃离母亲的控制，执意报考外省高校。无论是作为母亲的宋倩，还是作为女儿的乔英子，她们都没有错。宋倩将自己认为最好的选择强加给英子，却忽略了英子内心真正的需求和感受，而英子渴望能够自由地追逐自己的梦想，有自己的空间和选择。这种强制型的爱，虽然出发点是好的，却因缺乏平等与尊重而适得其反。

事实上，许多父母对孩子的爱仍局限于物质满足，而当代孩子更渴望获得精神层面的认可、尊重与鼓励。我们经常听到家长对孩子说："我给你买名牌衣服、鞋子，你还有什么不满意的地方？"若家长不说出这些付出，孩子或许尚能感知关爱。可家长一旦将其作为"爱的筹码"宣之于口，这些物质给予便无法让孩子感受到温暖。

最令人窒息的莫过于"牺牲式"的父爱、母爱。父母在自我感动中耗尽精力，孩子却在愧疚的泥沼里艰难喘息。例如，如果一位母亲反复强调"为了给你交学费，我省吃俭用"，这种看似无私的付出，实则将爱异化为情感勒索。孩子会逐渐将其内化成扭曲的认知：自己的存在就是父母痛苦的根源。这会让孩子感到愧疚，从而失去感受爱的能力。再比如，当孩子捧着 98 分的试卷欢欣雀跃时，有些父母那句"你明明能考满分，你还是不够努力"，瞬间让孩子的喜悦消失。久而久之，孩子会患上"情感失语症"：既不敢分享快乐，也不敢倾诉烦恼。

专家指导

相信每一位家长都无比爱自己的孩子，可是很多孩子却感受不到家长的爱，不是家长不爱，而是家长不会用孩子们喜欢的方式表达爱。那么家长应如何向孩子表达爱，让他们在一个轻松温暖的家庭中成长，从小就学会爱与被爱呢？

1. 学会放手

在孩子的成长过程中，若家长总是急于插手，看似避免了错误与伤痛，实则剥夺了孩子从挫折中学习的机会。当孩子与朋友发生矛盾时，家长要忍住代为调解的冲动，通过引导孩子思考自身感受和解决方案，让他掌握独立处理事情的能力，让孩子学会理解他人、管理情绪与人际交往。家长这种"不管教的勇气"为孩子开辟了自由探索的空间。当孩子遭遇失败时，一个温暖的拥抱和真诚的鼓励，能赋予他们重新出发的力量；当孩子获得成功时，及时的赞赏会强化他们的成就感与自信。这要求家长克服内心的焦虑与不安，相信孩子拥有应对挑战的潜能。学会适时放手，既是为人父母的自我修炼，也是给孩子最珍贵的成长之礼。

2. 放下手机，高质量陪伴孩子

目前，智能手机已成为现代父母生活和工作中的必需品，却在无形中吞噬着父母陪伴孩子的时间。即便父母从繁忙的工作中挤出时间陪孩子去游乐园，又有多少家长是全身心陪伴孩子的，无非是孩子自己玩，家长则在一个看得见孩子的角落玩手机，像是为了完成陪伴孩子这项任务。真正的陪伴需要从放下手机开始。例如，家长可以和孩子精心筹备一次野餐，让孩子真正参与地点的选择、食材的准备、工具的准备等，使孩子在这些任务中感受生活的烟火气。当孩子向家长询问问题时，家长要有耐心，让孩子感受到被重视。高质量的陪伴，无关形式的多样、物质的丰富，与用心的深度参与有关。家长要放下手机，用心捕捉孩子每一个成长的瞬间，用心解读他们突如其来的情绪，用心回应他们每一次渴望的眼神。

3. 真诚地向孩子分享自己的喜怒哀乐

在孩子的成长过程中，许多家长习惯以守护者或引导者自居，认为向孩子表达情感是软弱甚至羞耻的表现。然而，真正健康且亲密的亲子关系，不应仅是单向的教导与引领，而应是双向的情感交流。比如，当父母感到疲惫时，可以坦诚地告诉孩子："宝贝，妈妈今天有点累了，我们点个外卖，偶尔放纵一次，好不好？"这种适度的示弱能让孩子感受到被需要。在家庭中，夫妻之间难免会因一些琐事而产生分歧。若心中感到委屈，家长也可以与孩子倾诉："宝贝，爸爸妈妈对某件事有不同看法，因此争吵了起来，我现在感觉有点不舒服。"
孩子或许会从纯真的视角给出一些让人意想不到却又充满智慧的建
议。当父母真诚地向孩子分享喜怒哀乐，孩子会因被信任而走进父母
的内心世界。这种平等的互动不仅能让孩子感受到尊重，也会激发他
们主动交流的意愿，这样才能让爱在彼此心间永驻。

如何正确看待孩子的异性关系 11

今天下午，我在老地方等儿子放学。远远地看见他和一个女生有说有笑地走出来。再想到前几天看到他和同学用微信聊天，从对方头像来看也应该是个女孩，我不禁心里一动：难道儿子谈恋爱了？我决定和他聊聊。

"一昕，最近学校里有同学谈恋爱吗？"我试探性地问。

一昕的脸色瞬间变得不太好，他冷冷地回答："问这个干什么？我又没谈恋爱。"

我有些不安，继续说："对于初中生来说，学习才是最重要的。早恋可能会影响学业。"

一昕有些生气地说："我知道学习重要，我只是和同学聊聊天而已，你不要乱想。"

听到这话，我心里一紧，感到很委屈："我不是想管你，我只是关心你。我希望你能把时间花在学习上，而不是浪费在其他无关紧要的事情上。"

一昕更激动了："你根本不懂我！我跟她只是朋友而已，为什么你总是把事情想得那么严重？"

我一听，心里顿时蹿起一股火气，但还是深吸一口气，尽量平静地说："妈妈知道你们只是朋友，但我怕你分心，我希望你能理解我的担忧。"

"可你从来都不问我怎么想的！"一昕突然提高了嗓门，"你只会自己瞎猜，然后不停地说大道理，根本不愿意听我说话！"说完，他转身冲进房间，砰的一声关上了门。

他的话让我感到心痛，我意识到我们的沟通出现了问题。或许我确实太过于关注结果，而忽视了他的感受。

心理剖析

在初中阶段，孩子的身体和心理进入快速发育期。相应地，他们情感的敏感度也显著提升，情感需求变得更加多样。女生可能会在某个特定的男生面前说话时脸红，男生会突然变得羞涩，同学之间也会开"谁喜欢谁"的玩笑。然而，这种不期而至的情感变化让许多家长产生可能影响孩子的学习与成长的顾虑，甚至寝食难安。

某课题组对425名初中生开展了关于恋爱的心理问卷调查。其中一道多项选择题为"你恋爱的原因是什么？"结果显示：41.8%的学生选择"我觉得他（她）特别好"，这类学生将异性间的相互吸引直接等同于爱情；37.5%的学生选择"他（她）特别理解我，与他（她）在一起很开心"，如果这类学生寻求安慰的需求通过其他途径得到满足，那么这种关系往往随之终结；16%的学生选择"为了逃避现实中的心理压力"，部分学生因学习压力太大而产生焦虑情绪，误以为恋爱能缓解压力；11%的学生选择"为了证明自己长大了，可以摆脱大人控制"，这反映了初中生独立意识增强、渴望获得尊重的心理特点；

7%的学生选择"为了展现自己的吸引力"，此类情况受从众心理影响，若周围环境变化，这种"爱情"便容易失去方向；4.6%的学生选择"为了寻求刺激"，这部分学生缺乏高尚的追求，需警惕他们的价值观是否出现偏差；仅2%的学生选择"寻找终身伴侣，希望将来能与他（她）结婚"，许多受访者谈及此选项时忍不住发笑，表示从未考虑过长远打算，可见初中生的恋爱普遍缺乏成熟规划。

调查结果表明，中学生的"爱情"本质上不同于成人以婚姻为目的的爱情。调查数据显示，绝大多数校园恋情的动机源于青春期的情感需求——或寻求理解，或缓解压力，或证明自我。这也解释了为何中学生恋爱往往以分手收场。对此，家长应根据子女的年龄特点，开展渐进式情感教育，既要避免粗暴干预，也要通过正确引导帮助孩子建立健康的亲密关系观念，从而平稳度过这一特殊成长阶段。

一昕妈妈看到儿子和女生在路上聊天，又在微信里频繁交流，就如临大敌、步步紧逼，一昕感到百口莫辩，最终爆发了争吵。这种做法反映了家长内心的焦虑和不安。家长的本意是保护孩子，避免孩子误入歧途，可这种捕风捉影的猜忌，反而让孩子感到窒息，甚至激发了孩子的逆反情绪。最终，亲子关系在无谓的争执中逐渐疏远。

专家指导

情窦初开的羞涩与美好，本应是青春最动人的印记，却常常成为亲子"战争"的导火索。矛盾源于孩子懵懂的情感萌动，家长能否以成熟的方式应对、能否与孩子建立有效沟通是解决此矛盾的关键。当恋爱风波来袭，家长若想真正平息冲突，需要先做到以下六点。

1. 学会倾听，理解孩子

孩子在青春期经历情感萌动是正常的，家长要尊重并倾听孩子的感受和想法，让孩子感到自己的情感能够被接纳。当孩子遇到情感困感时，家长应以开放的心态引导孩子，而不是急于反对或质疑孩子，这样能避免引发孩子的抵触情绪。

2. 与孩子建立信任关系

家长应努力在日常生活中与孩子建立良好的沟通关系，增进彼此的信任，让孩子愿意分享自己的想法。家长也可以适时分享自己的恋爱经历和相应的教训，帮助孩子感知现实与理想之间的差距，促进他们的成长。

3. 为孩子提供指导

家长可以引导孩子思考如何平衡学习与恋爱，但不要强行干预，避免孩子反感。家长也可以通过讨论恋爱的责任和未来，引导孩子理解和思考感情的复杂性。

4. 创造安全的沟通环境

家长应鼓励孩子谈论感情，为他们提供一个安全、包容的表达空间。家长还可以设立固定的家庭交流时间，鼓励孩子自由讨论任何话题，逐步建立起良好的亲子关系。

5. 关注情感教育

家长应帮助孩子识别、理解并调节情绪，学会妥善处理情感冲突，从而维护健康的人际关系。同时，家长也要教导孩子在情感关系中设定清晰的个人界限，让他们知道理解、尊重、信任是健康人际关系的基石。

6. 以身作则

家长应当意识到，自己在人际关系中的言行举止会直接影响孩子的情感认知和行为模式。因此，家长要以身作则，通过处理日常生活中的人际关系教导孩子如何面对感情问题。

总之，家长在处理青春期孩子的恋爱问题时，应当以倾听、理解和引导为基础，通过开放包容的态度帮助孩子认识情感的复杂性。家长要与孩子建立持久稳固的信任关系，让孩子感受到支持与陪伴。家长要以身作则，在日常人际交往中示范健康的情感处理方式，通过平等对话培养孩子的理性认知能力，最终引导他们形成成熟的情感价值观。这种温和而坚定的陪伴，既能守护孩子的成长需求，又能维系良好的亲子关系，是处理青春期恋爱问题的最佳方式。

12 别让手机成为亲子冲突的导火索

儿子马上就要中考了，我最近越来越感到与他沟通很困难。自寒假以来，我们沟通最多的话题就是手机问题。这已成为假期里激化矛盾的最大根源。

记得有一次，儿子问我："妈妈，我能玩会儿手机吗？"我说："可以，想玩多久？"他信誓旦旦地说："就1小时！时间一到我马上还给你。"可1小时后，他却开始拖延："再等5分钟，马上就好！"我强压怒火，提醒几次无果，最终忍不住吼了几句。他才不情不愿地交还手机，但气氛已变得剑拔弩张。

还有一次冲突更激烈。晚上，永乐的爸爸下班回家，推开书房门，发现永乐正在打游戏，脸色瞬间沉了下来："初三了，成绩下滑这么严重，还整天抱着手机打游戏？马上交出来！"

永乐攥紧手机，辩解道："我才刚玩一会儿，哪有整天玩？"

爸爸声音陡然提高:"每次说你,你都有理由!现在就把手机给我!"

永乐见爸爸怒气冲冲,勉强让步:"那我再玩半小时,行吗?"

想到永乐之前多次承诺却屡屡失信,爸爸坚定地说:"这次没得商量!"他一把抓住永乐的手腕,想要强行拿走手机。

永乐猛地挣脱,声音里带着颤抖:"随便你!反正我说什么你都不信!"话音未落,他已冲进卧室,房门在巨响中重重关上。

半小时后,我轻轻敲了敲儿子的房门。门缓缓打开,永乐低着头,一言不发。我走进房间,在他床边坐下,沉默了一会儿才开口:"儿子,刚才爸爸态度不好,妈妈也有点着急了。我们不是故意要凶你。"我深吸一口气,尽量让声音柔和下来:"你自己也不太满意你的期末成绩,对吧?爸爸妈妈不是要逼你,只是怕你荒废了这个寒假,开学后压力会更大。"我轻轻拍了拍他的手:"我们商量一下,接下来怎么调整,好不好?"

儿子沉默了许久,说:"妈妈,你们也要理解我啊。我也有压力,每个人都有自己的优缺点,为什么不能放大优点、缩小缺点呢?妈妈,你要相信我,我会努力的。我玩手机只是放松一下,缓解压力而已。"听了儿子的话,我似乎理解了他。但一看到他玩手机,我还是会忍不住发火,不知该怎么解决。有一次上辅导班时,他竟然把手机藏在书包里带进了课堂。老师没收了手机,儿子还振振有词地说:"我不会玩的,只是放在书包里。"可他的话让我难以相信,手机在书包里,他又怎么会专注学习呢?有时候,我真是既纠结又无奈。

班主任说过开学后的在校时间只有80天左右。孩子倒是不慌不忙,反而我每天紧张得坐立不安。我经常想:他万一考不上公办高中怎么办?私立高中有哪些适合的?这么小的孩子,如果上不了高中,他能做什么?我翻过许多家长的教育心得,可套用在我家孩子身上,似乎作用不大。

心理剖析

初三学生依赖手机的原因复杂多样，主要包括学习压力的增大、成就感的缺失、亲密关系的缺失等。

1.学习压力的增大

初三是初中阶段的最后一年，刚开学时，孩子往往精神饱满、斗志昂扬。随着学业任务的日渐繁重，部分孩子会再次沉迷手机，通过玩游戏、看短视频等缓解压力。这种短暂的逃避虽能给孩子带来即时愉悦感，但家长难免担心其影响学习效率。

2.成就感的缺失

初三的学生既面临升学压力，又处于自我认同与社交归属感形成的关键期。当学习上难以突破时，他们容易陷入自我否定，希望通过游戏升级、社交媒体互动（如点赞、评论）等虚拟成就来弥补现实中的挫败感。

3.亲密关系的缺失

初三的学生正处于青春期阶段，对人际关系存在强烈需求。当孩子感到孤独无助时，手机则成为重要的情感补偿渠道。他们通过手机能随时随地与他人交流，分享自己的心情和想法，从而满足内心的需求。然而，这种虚拟的亲密关系往往具有即时性和不稳定性，且容易让人陷入过度依赖手机的困境。

专家指导

针对初三学生的手机依赖问题，家长应采取积极有效的家庭教育策略，帮助孩子树立正确的手机使用观念，培养孩子的兴趣爱好和社交能力。下面，针对家庭关系良好与关系紧张两种不同情况分别提出具体建议。

对于家庭关系较好的家庭，首先，家长应以身作则，引导孩子正确使用手机。父母要合理控制手机使用时间，避免在孩子面前过度使用手机，树立良好榜样。同时，家长可以结合自身经验，与孩子分享如何高效利用手机，帮助孩子正确认识手机的作用。其次，家长可与孩子共同制定手机使用时间表，明确使用时段和场景，例如，孩子完成作业和复习任务后，才能玩手机；睡前1小时、用餐时禁止使用手机。通过共同制定规则并坚定执行，帮助孩子养成良好的手机使用习惯，进而培养孩子的自律能力。最后，家长要给予孩子足够的信任和支持，相信他们能够自觉遵守手机使用规则。当孩子违反规则时，家长不要一味地指责和惩罚，而是要了解他们的想法和需求，帮助他们找到更好的解决方式。只要孩子能够按时完成作业和复习任务，并且取得较好的成绩，家长就不必过分关注他们的学习过程和方法，也不必过多管控他们的手机使用时间。

对于亲子关系较为紧张的家庭，首先，家长应避免过度指责孩子沉迷手机的行为。责备只会让孩子感到更加无助和沮丧，甚至加剧手机依赖问题。相反，家长应以温和、理性的态度面对这一问题，帮助孩子找到解决方法。其次，家长要重视孩子的内心需求和情感状态，给予他们充分的关爱和支持。当孩子感到孤独、无助或挫败时，家长应和孩子及时沟通，倾听他们的想法和感受，并提供积极的引导。最后，家长应主动提供其他的放松方式，例如，鼓励孩子参加体育锻炼、文艺活动或志愿服务，帮助其释放压力、缓解疲劳。家长还可以与孩子一起进行户外活动或家庭游戏，既能增进亲子关系，也能让孩子感受到更多快乐和温暖。

孩子的手机依赖问题是一个复杂而严峻的问题，需要家长、学校和社会的共同努力来解决。家长作为孩子的第一任老师和监护人，在解决孩子手机依赖问题中扮演着至关重要的角色。通过以身作则、规定手机使用时间、给予孩子信任和关注孩子的内心需求等措施，家长可以有效地帮助孩子树立正确的手机使用观念，培养健康的兴趣爱好和社交能力，为他们的健康成长打下坚实的基础。

13

父母如何与孩子沟通

晚上下班回到家，我看到女儿小渝正坐在客厅地板上专心地摆弄玩具车。我轻轻走到她身旁坐下，静静观察了一会儿。然后我抚摸着她的头发柔声问道："宝贝，今天在学校有什么新鲜事吗？"

小渝抬起头说："妈妈，我们今天做了个科学实验，可是我有点没搞懂。"她的声音里透着些许迷茫。

我立刻回应道："这听起来很有趣！你可以告诉我哪里没搞懂吗？也许我们可以一起找出答案。"我的语气充满期待，并特意用她能理解的方式表达，希望能驱散她的困惑。

接着，小渝开始详细描述课堂上的实验过程，包括遇到的问题以及自己的思考过程。在听的过程中，我认真地看着她，并适时点头表示理解。当小渝讲完后，我分享了自己的看法，并鼓励她再思考解决问题的方法。第二天傍晚，我刚推开家门，小渝兴奋地跑向我，高兴地说："妈妈，我今天又试了一次那个实验，成功了！"

我赞许地说道："你真是一个勇敢且聪明的孩子。当遇到困难时，你没有轻易放弃，而是选择继续努力，这就是成长的过程。凡事都要亲手去做一做，亲自动手就是体验，有体验就会有感受，有感受就会有成长。"

心理剖析

通过上述母女的互动，我们可以看到，日记中的妈妈如何倾听孩子的心声、给予孩子建设性的反馈、为孩子提供支持。这样的交流方式不仅增进了母女关系，还培养了孩子的自信心和独立思考能力。高情商的沟通方式对促进孩子的情感发展、保护孩子的自尊心以及构建和谐的家庭关系至关重要。

倾听与理解是沟通的基础。家长要认真倾听孩子讲话，并尊重他们的感受，让孩子感受到被尊重和接纳。即使和孩子的观点完全不同，家长也要理解他们的感受。家长保持耐心尤为重要，当孩子表达困难时给予充分的时间组织语言，避免打断或催促。积极的反馈能增强孩子的安全感，家长可以用建设性的方式回应他们的分享和问题。非言语交流同样关键，家长可以通过眼神、微笑或拥抱传递温暖与支持。当孩子遇到问题时，家长应帮助孩子解决问题，不要指责他们。家长还要努力营造开放包容的对话环境，让孩子安心分享所有话题。最后，家长要记住身教胜于言传，家长通过展示良好沟通技巧的方式，潜移默化地培养孩子的人际交往能力。这些方法共同构建了高情商的亲子互动模式。

专家指导

为了帮助孩子建立健康的情感交流模式，家长可以采用以下几种具体的方法。

1. 帮助孩子识别和表达情绪

帮助孩子识别并表达情绪是培养情商的重要基础。家长可以通过阅读故事书或观看动画片，引导孩子通过观察角色的表情、语气变化来识别快乐、悲伤、愤怒等不同情绪。家长要鼓励孩子自由表达各种情感，无论是喜悦还是愤怒，都要以平等的态度对待，避免批评责备，这样才能增强孩子的信任感并促进深层交流。当孩子情绪失控时，家长应该允许孩子发泄情绪，让孩子感到被理解。同时，家长要注意选择适当的沟通时机，在孩子情绪平稳时进行引导，教育效果会更好。这些方法不仅能帮助孩子提升情绪管理能力，也为建立健康的亲子沟通模式奠定基础。

2. 理解孩子

当孩子分享自己的感受时，家长要试着站在他们的角度理解并回应。例如"我明白你为什么会有这样的感觉"，这样的语句能让孩子感受到被理解和接纳。当与孩子进行沟通时，家长需要创造一个安全、开放的环境，让孩子敢于表达自己的想法和感受。当孩子倾诉时，家长要用心聆听，避免过早地给予评价或建议。家长应在孩子经历强烈情绪波动时站在观察者的立场，保持冷静，为孩子提供一个安全的空间让他们调节自己的情绪。

3. 安排亲子交流时间

家长不妨将亲子交流变成一种温馨的日常仪式，比如固定在每天晚饭后，选择一个孩子心情放松、精神饱满的时刻，创造亲子专属的心灵对话时间。这种有规律的安排能让孩子感受到被重视。

4. 培养孩子解决问题的能力

当孩子遇到问题时，家长不要急于给出答案，而应引导孩子思考解决方案。例如，家长可以说："宝贝，你觉得我们可以怎么做呢？"通过这种方式教会他们独立面对挑战。

5. 示范正确的行为

在日常生活中，家长要展示良好的沟通技巧，比如保持冷静的态度、使用礼貌用语。孩子会模仿大人的行为习惯，逐渐建立良好的行为习惯。

6. 正向强化

当孩子展现出恰当的情绪表达或行为时，父母要及时给予具体而真诚的肯定。比如，当孩子尝试着打招呼，哪怕声音很小，父母可以说："爸爸（妈妈）看到你今天主动和邻居阿姨问好了，你真棒！"这种针对性的表扬能强化孩子的正向行为。通过强调具体行为与成长点，能让他们明确知道哪些行为是值得坚持的。

7. 教给孩子自我调节情绪的技巧

帮助孩子掌握情绪管理方法是成长中的重要一课。当孩子遇到强烈情绪时，家长可以教他们使用一些简单有效的技巧，如深呼吸练习、数数、听音乐来转移注意力。这些方法能帮助孩子在情绪风暴中找回平静，培养面对挫折时的应变能力。值得注意的是，家长在教导这些技巧时，自身要先成为情绪管理的示范者。

8. 尊重个人差异

每个孩子都是独特的个体，家长需要以开放的心态观察和了解孩子的性格特点，采取差异化的沟通方式。对于性格内向、不善言辞的孩子，家长可以为他们准备精美的日记本，鼓励他们通过文字表达内心世界；而对于外向健谈的孩子，家长则可以多创造对话机会，在轻松的氛围中倾听他们的想法。

运用这些方法，父母可以更有效地与孩子建立情感联系，化解矛盾，增进关系。沟通的效果取决于对方的回应，因此家长要多倾听、少说教，努力营造和谐的家庭氛围。

14

家校生齐发力，携手冲刺中考

亲爱的宝贝，妈妈知道，这段时间你的心里充满了压力和挑战，你的心情或许像最近的天气一样时晴时阴。

妈妈想先对你说声"对不起"。如果我的焦虑和急躁曾让你感到困扰，请原谅妈妈。作为父母，我和爸爸总是希望你能更好，或许有时这份期待成了你的负担。可你要相信，这一切都源于我们深深的爱。

今天是 2024 年 1 月 5 日，距离你的中考只剩一百多天了。本以为寒假能让我们都松口气，没想到假期还没开始，我们又因为学习计划的事吵了起来。

早上家长会时，老师特意让家长和孩子坐在一起，根据最近的学习情况和考试成绩，一起分析问题并制订假期学习计划。可还没等我们说完，你就摔门走了……

其实一开始，你答应了妈妈会好好学习的，但紧接着就提了条件。你说希望妈妈别管得太紧，想要更多自由。坐在旁边的爸爸也沉默了，妈妈当然明白你想要自主空间，可中考就在眼前，我们只是担心你玩手机会分散你的精力。我们希望你能全力以赴备战中考，不留遗憾。

面对这样的情况，妈妈真的有些无奈，甚至不知该如何继续和你沟通。每次看到你背着沉重的书包和疲惫的眼神，回想你初中这几年的点点滴滴，妈妈心里也充满迷茫。

一直以来，你都是老师眼里的乖乖女，你和老师交流时总是礼貌得体，从不顶嘴，老师们也都喜欢你。令我感到意外的是，你对所有老师都说过同样的话："我妈管得太严了！我妈什么都不让我做！"听到老师的转述，妈妈既委屈又困惑：我真的对你过于严格了吗？我的要求真的太高了吗？我一直认为自己是民主的妈妈，凡事都和你商量，该做什么、不该做什么，都会向你耐心解释原因。我总在担心：太严厉会让你抗拒，太宽松又怕你松懈。可没想到，最终我们还是陷入了这样的僵局。

作为妈妈，我当然希望你能考出好成绩，进入理想的高中。每次看到你伏案学习到深夜的身影，听到你偶尔的叹气声，我知道你承受的压力已经够大了。这些日子，我一直在思考一个问题：如何在期望孩子取得好成绩和关注孩子身心健康之间找到一个平衡点。我不想因为自己的期望给你增添压力，也不愿因为过度保护让你失去独立成长的机会。

中考一天天临近，说实话，妈妈心里也很迷茫。虽然我总对你说不管结果如何，妈妈都支持你，但哪个父母不希望孩子能有个美好的未来呢？这种矛盾的心情，或许就是为人父母的常态吧。现在，我最想知道的不是你能考多少分，而是我该如何帮助你建立信心，缓解焦虑，让你能从容地面对人生中的第一次重要挑战。

心理剖析

中考对每个家庭来说都是一个至关重要的转折点，它不仅决定着孩子的学业前景，也深刻影响着整个家庭的生活节奏。由于应对方法不当，许多家庭在焦虑和沟通不畅的情况下，往往会引发以下问题。

许多家长抱有望子成龙、望女成凤的心态，对孩子的学业表现期望过高。他们认为，唯有孩子成绩优异，未来才有竞争力。然而，这种过高的期望给孩子带来了巨大的压力，导致亲子关系紧张。当孩子的实际能力与家长的期望不符时，孩子容易产生焦虑、厌学情绪，进而激化家庭矛盾。

在亲子互动中，沟通不畅往往导致双方难以理解彼此的真实想法和需求。部分家长仍固守传统的教育模式，而孩子更渴望平等、开放的交流方式。这种教育理念的差异，容易使孩子产生压抑感，从而关闭与家长沟通的"心门"，形成亲子关系的恶性循环。

部分家长倾向于采取严格的教育方式，注重纪律与规则；而孩子更需要宽松自由的环境来发挥自己的创造力和独立性。若家长过度限制孩子的自由发展，可能使其感到压抑或不满，进而产生抵触情绪。

家长过度介入孩子的学习生活也可能产生负面影响。有些家长出于对孩子未来的担忧，可能会过分关注孩子的学业表现，甚至过度介入孩子的学习过程。这种过度的介入可能会让孩子感到束缚，影响他们的自主学习能力。

家长和孩子的焦虑情绪往往不是孤立存在的，它们在家庭这个小环境中相互影响，从而加剧家庭的紧张氛围。孩子可能会因为焦虑而出现各种异常表现，如学习成绩下滑、情绪波动大、行为异常。这些表现可能会加剧家长的焦虑，使家长担心孩子的未来和发展，对孩子施加更大的压力，这又会进一步加重孩子的焦虑。

专家指导

学习并非总是轻松愉快的，有时甚至是枯燥而艰辛的。在中考的最后冲刺阶段，老师和家长都希望学生能找到学习的动力和乐趣，让每一分努力更有价值。家、校、生三方协同合作，是学生中考取得好成绩的重要保障。以下是三方可采取的具体措施。

1. 家长可采取的具体措施

（1）家长应根据孩子的实际情况设定合理的期望值，避免给孩子施加过大压力。首先，家长需要调整自己的心态，主动与孩子沟通，认真倾听孩子的想法和困惑，成为孩子可信赖的倾诉对象。其次，家长应该理解孩子在备考期间承受的压力和挑战，给予情感支持与正向鼓励。此外，家长还要相信孩子，给他们足够的信任和空间。

（2）家长应为孩子提供一个安静、整洁的学习环境。家长还可以与孩子一起制订学习计划和目标，让孩子参与决策过程，增强他们的责任感和学习动力，鼓励他们为实现目标而努力。

（3）家长应尊重孩子的独立性，给他们一定的空间和时间自主学习和放松。

（4）家长应积极与孩子沟通学习、生活、人际交往等方面的情况，了解他们的需求和困惑。在紧张的备考期间，家长还可以安排一些轻松的家庭活动，如户外运动、看电影，缓解孩子的压力，增进亲子间的情感交流。

（5）家长和孩子都需要学会情绪管理，当感到焦虑和压力时，可以通过运动、聊天等方式进行释放。家长不仅要关注孩子的成长，也要关注自己的成长，不断提升自己，为孩子树立榜样。家长还可以利用业余时间学习，与孩子共同成长。

（6）当家庭矛盾较为突出时，家长可以主动寻求专业心理咨询或家庭教育指导服务，通过专业干预改善家庭互动模式，促进亲子关系良性发展。

2. 学生可采取的具体措施

（1）学生要学会自我管理，合理安排学习、休息和娱乐时间，积极参与课堂学习和课外活动，提高学习的兴趣和效率。

（2）在学习过程中，当遇到无法独立解决的问题时，学生要及时向老师、家长寻求帮助。

（3）学生应保持积极的心态，养成良好的生活习惯，保证充足的睡眠和适量的运动，理性看待考试成绩。

3. 学校可采取的具体措施

（1）针对不同学生的需求，学校可提供个性化的辅导和支持。学校还应设立心理辅导室，定期为学生提供心理咨询和辅导。

（2）学校可以定期召开家长会，建立家校协同机制，保证信息的及时传递。学校还可以开展家长进校园活动，为教师和家长的沟通提供机会。

（3）学校可采用表扬、奖励等正向激励措施，有效提升学生的学习动力。在中考备考过程中，学生的身心健康与快乐成长至关重要。家长和老师需要共同努力，老师要引导学生勇于迎接挑战，家长要帮助孩子养成良好的学习生活习惯。这些核心素养的培养，远比成绩单上的分数更能助力孩子的成长。

希望每位初三学子都能在家庭与学校的双重护航下，穿越迷茫，收获成长。愿每个孩子都能在家校并肩的助力下，赢得美好的未来。

第二篇
学生成长日记篇

1 妈妈，请尊重我的隐私

放学后，依晨刚进家门就嗅到了一丝危险的气息。一抬头，映入眼帘的是妈妈愤怒的脸。她不确定发生了什么事情，但隐约猜到与自己有关。当她的目光落在妈妈手中的手机时，心里陡然升起一股怒火，失控地朝妈妈吼道："你为什么翻我手机？"妈妈的怒火被孩子的反应彻底点燃，她狠狠地把手机摔在地上，歇斯底里地喊道："你和那个男生的聊天记录不堪入目！你不好好学习，竟学会谈恋爱了！"女孩愤怒地摔上房门，将自己锁进房间。

自那以后，家成了沉默的战场——依晨不再和妈妈说话。在学校里，她放弃了学习，甚至故意扰乱课堂秩序，整个人逐渐滑向抑郁的深渊。

心灵独白

1. 孩子的心灵独白

妈妈凭什么翻我手机？那是我的隐私！一想到妈妈偷偷看了我和他的聊天记录，我就气得发抖。虽然谈恋爱不对，但我又没做出格的事，她至于这么小题大做吗？

2. 妈妈的心灵独白

我每天起早贪黑，上班赚钱，接你放学，家里大小事全是我在扛。你成绩差，我忍了；你整天玩手机，我睁一只眼闭一只眼。可你居然早恋！有些错，绝不能犯；有些线，绝对不能踩！这次我必须让你记住：妈妈再爱你，也有不能退让的底线。

教育故事

家长会后，班主任主动留下依晨妈妈和依晨，充当起母女之间的调解人。在与依晨妈妈的交谈中，班主任发现，这位妈妈对女儿的爱炽热而深沉，只是用错了方式。她的严厉像一堵墙，阻隔了爱的传递。"有时候，家长的话像一把未打磨的刀"班主任轻声说道，"本意是为孩子好，却在不经意间划伤了他们的心。家长总觉得自己是对的，却忘了，爱需要更温柔的传递方式"。她建议依晨妈妈通过文字表达那些说不出口的担忧、期望和爱。文字能褪去尖锐，留下温度，或许更能触动孩子的心。谈话尾声，班主任笑着问："依晨妈妈，您有多久没好好抱抱女儿了？现在站起来，给彼此一个拥抱吧！"母女俩对视一眼，缓缓起身。当她们相拥的那一刻，积压已久的泪水决堤而出。这个拥抱，仿佛融化了长久以来的坚冰。

专家指导

青春期是孩子成长过程中极为重要的阶段。这一时期，他们生理上发生显著变化，心理上也经历着巨大转变。父母如何应对孩子的青春期变化，是我们需要深入探讨的话题。

首先，父母需要充分认识到青春期孩子对隐私的重视程度。隐私权是每个人的基本权利，未成年人也不例外。父母在关爱孩子的同时，要注意尊重他们的隐私。擅自翻看孩子的手机、日记等私人物品，不仅会严重破坏亲子关系，还可能激发孩子的逆反心理，导致孩子出现更强烈的对抗行为。

其次，情绪管理是父母与青春期孩子相处时需要特别重视的一点。父母应管理好自己的情绪状态，用平和、理性的方式与孩子展开对话。

此外，代际沟通障碍是青春期家庭教育中的普遍挑战。父母需要主动打破这种隔阂，营造开放、互信的沟通氛围。只有真诚倾听孩子的想法，理解他们的真实需求和困惑，父母才能给予恰当引导，帮助孩子健康成长。

在教育理念方面，父母需要保持与时俱进，摒弃简单粗暴的传统管教方式。青春期萌发的情感是孩子成长过程中的自然现象，父母应当以科学理性的态度加以引导，通过平等对话帮助孩子建立正确的认知，而非采取简单禁止或强行压制的做法。

从心理学角度来看，青春期孩子的情感探索是其身心发展的必经阶段。因此，父母应接纳孩子的情感需求，在尊重个体成长规律的基础上提供必要指导，帮助孩子平稳度过这一特殊时期。

父母如何处理孩子的恋爱问题呢？

第一，当发现孩子谈恋爱时，父母要保持冷静，避免冲动行事。

以平和的心态了解孩子的想法和感受，为有效沟通创造条件。

第二，父母要认识到孩子作为独立个体的权利，不随意侵犯其隐私。

第三，父母要以朋友的身份与孩子交流，尊重孩子的意见和选择，共同探讨恋爱话题，引发孩子的思考。

第四，父母要积极参加教育讲座、阅读相关书籍等，更新自己的教育观念，掌握科学有效的教育方法。

第五，父母要理解青春期孩子对情感的渴望与迷茫，给予他们适当的理解和支持，让孩子感受到家庭的温暖与包容。

父母应采取科学的方法对孩子进行情感教育。① 家长应根据孩子年龄和认知水平，适时传授性知识和正确恋爱观，让孩子在恋爱中学会保护自己。② 家长应引导孩子合理规划学习与恋爱时间，使二者相互促进，培养孩子的自律意识与责任感。③ 家长应指导孩子在恋爱关系中如何保护自己的身心健康，规避潜在伤害。④ 家长引导孩子将恋爱与个人成长、未来规划结合，树立远大理想。

父母可以采取以下具体措施对孩子进行情感教育。① 每周或每月固定时间召开家庭会议，家庭成员共同参与。在会议上，孩子可以分享自己的学习、生活和情感状况，父母也可以表达自己的期望与担忧。通过这种方式，创造良好的沟通环境，增进亲子间的理解与信任。② 父母主动学习心理学知识，了解青春期孩子的心理特点和行为规律，能够更好地理解他们的恋爱动机，从而采取相应的教育措施。父母也可以通过参加线上或线下课程、阅读专业书籍等方式提升自身的教育水平。③ 父母要关心孩子的社交情况，但不能过度干涉，给予孩子一定的自由空间，让他们在实践中学会自我管理和人际交往，必要时可给予引导和建议。④ 当亲子矛盾无法自行调和或孩子出现严重心理问题时，父母可以及时寻求专业心理咨询师的帮助，借助专业力量，修复亲子关系或解决孩子的心理困扰。⑤ 在日常生活中，父母要鼓励孩子独立思考问题，对事物形成自己的见解。对于恋爱问题，父母要引导孩子自主分析恋爱的利弊，做出正确的决策。

父母可以采取以下措施预防青春期孩子出现恋爱问题。① 父母与孩子建立感情纽带。通过日常高质量陪伴与情感交流，构建深厚的亲子关系，使孩子在青春期愿意与父母沟通，主动分享内心想法。② 在小学五六年级至初中阶段，父母应渐进式地对孩子开展性教育，帮助孩子建立正确的恋爱认知，避免孩子因好奇和无知而陷入错误的恋爱关系中。③ 家长要叮嘱孩子在与异性交往中保护好自己的身体和隐私，让孩子明白错误恋爱行为可能带来的现实后果。④ 父母为孩子营造平等、尊重、开放的交流氛围，鼓励孩子表达自己的想法和感受。只有这样，父母才能及时了解孩子的内心动态，提前预防和化解可能出现的恋爱问题。

青春期孩子的恋爱问题对家庭教育提出了新的挑战，但只要父母把握问题的本质，从自身态度、教育方法、应对措施和预防策略等多方面入手，秉持引导而非控制的理念，以信任和理解为基石，构建良好的亲子关系，运用科学的教育方式，就能帮助孩子顺利度过青春期情感萌动的阶段。这不仅对孩子的个人发展至关重要，对家庭和社会的和谐发展也有着深远的影响。

爸爸妈妈，请接受青春期的我

2

情 景 故 事

晓峰今年 14 岁，刚上初中二年级。曾经那个乖巧听话、总是围着父母转的小男孩，如今渐渐变得沉默寡言，喜欢独来独往。一天晚上，已经十点多了，晓峰还在房间里津津有味地玩着电脑。妈妈担心地敲了敲门，没等他回应就直接走了进去，却看到晓峰正在全神贯注地玩一款网络游戏，嘴里还时不时地嘟囔着一些游戏术语。妈妈的脸色一下子沉了下来，大声说道："晓峰，都这么晚了，你怎么还在玩游戏！作业做完了吗？明天还要上学呢！"晓峰被妈妈突然的闯入吓了一跳，他赶紧关掉游戏，一脸不耐烦地说："知道了，我马上写作业！"妈妈气愤地把鼠标一摔，转身离开了房间。晓峰望着妈妈的背影，心里又委屈又愤怒，他觉得妈妈根本不理解自己。

第二天早上，晓峰因为前一晚睡得太晚，醒来时发现已经快迟到了。他匆匆忙忙洗漱完，抓起书包就往学校跑。在学校里，他一直无精打采的，上课也老是走神。下课后，他和几个同学聚在一起，谈论起了最近热播的一部动漫。其中一个同学说："你们知道吗？这部动漫里有个角色的穿搭超酷的！"晓峰兴奋地接道："是啊是啊，我也觉得，我特别喜欢他的风格。"坐在前排的女生李婷突然转过头，撇着嘴说："你们男生整天就知道聊这些，真无聊。"晓峰听了很不高兴，就和李婷吵了起来。这时，班主任走了过来，了解情况后把晓峰叫到办公室批评教育了一顿。晓峰心里更加委屈和郁闷了，他觉得老师和同学都不理解他。

回到家后，晓峰一声不吭地走进自己的房间。妈妈做好了晚饭，喊他吃饭，他也装作没听见。妈妈来到房间门口，敲了敲门说："晓峰，出来吃饭了。"晓峰大声说道："我不吃了，你们吃吧！"妈妈无奈地摇了摇头，心里很是担忧。

心灵独白

1. 孩子的心灵独白

爸爸妈妈根本就不理解我。我只是想放松一下，玩一会儿游戏怎么就不行了呢？每天学习已经够累了，他们还总是在旁边唠叨个不停，好像我犯了天大的错误一样。虽然我知道他们是为我好，但他们根本没考虑过我的感受。

在学校里，我和同学讨论动漫也有错吗？这是我的兴趣爱好，李婷凭什么笑话我？而且她的话也太伤人了，老师还不分青红皂白地批评我，我真的好委屈。

我有自己喜欢的东西，也有自己的想法，可为什么他们都不接受呢？爸爸妈妈总是把我当成小孩子，觉得我什么都不懂。我真的很想让他们知道，我已经长大了，我有自己的生活方式，不再是那个任由他们摆布的小男孩了。可是他们却还是用那些老套的方法管我，根本不愿意试着了解真实的我。我该怎么办呢？

2. 父母的心灵独白

晓峰的爸爸妈妈也为孩子的变化感到十分头疼。

妈妈心里想："这孩子怎么突然就变得这么不懂事了？从前那个乖巧听话的晓峰去哪儿了？现在他整天沉迷游戏，学习成绩直线下滑。作为母亲，我理解他学习压力大，但也不能这样放纵自己啊。可每次管教他，他都特别抵触，这样下去可怎么办？"

爸爸心里想："青春期的孩子有变化是正常的。但晓峰现在的状态确实令人担忧，他经常和同学起冲突、上课走神。我平时工作太忙，可能确实疏忽了对他的关心。我得抽个时间好好和他谈谈，了解他内心的真实想法。"

教育故事

晓峰的情况引起了学校心理老师的关注。在一次精心设计的心理健康课上，心理老师组织了一场关于青春期的主题班会。班会开始时，老师先播放了一段生动形象的科普视频。视频通过真实案例向学生展示了青春期的生理变化、心理特点和常见困扰。学生看得十分专注，时而点头，时而小声讨论。然后，老师引导学生分享自己在青春期的经历和感受。学生纷纷举手发言，有的学生说自己开始注重外表，有的学生说自己的情绪波动较大，有的学生说自己和父母的关系变得紧张。

晓峰也在同学的鼓励下，分享了自己的烦恼。他说："我的爸爸妈妈不理解我，他们总是管着我，不让我做自己喜欢的事情。我玩游戏、看动漫只是为了放松，他们却觉得我在浪费时间。在学校里，老师和同学也不理解我，我感觉自己好像被孤立了。"

同学听了晓峰的话，纷纷表示有同感。有的同学还分享了自己如何与父母沟通、解决矛盾的经验。心理老师最后总结道："青春期是人生中一个重要的阶段。在这个阶段，你们会经历许多变化，产生独立的想法和感受。但要注意，你们的行为和想法不仅影响自己，也会影响他人。因此，你们需要学会正确表达自己，同时理解父母、同学的想法。"

班会结束后，心理老师与晓峰的爸爸妈妈进行了深入交流。老师和他们说："青春期的孩子正经历着身体和心理的巨大变化，他们需要更多理解和支持。晓峰目前的行为虽然令人担忧，但这也是成长的必经过程。作为父母，你们要尊重他的想法和感受，主动了解他的需求。你们不要总是使用命令式的口吻和他说话，要试着以平等的态度和他交流。"

晓峰的爸爸妈妈听完老师的话，陷入了沉思。回到家后，他们开始尝试调整自己的教育方式。妈妈不再像过去那样事无巨细地唠叨，而是每天在晓峰完成作业后，主动坐到他的身边，温柔地说："今天在学校过得怎么样？有没有发生有趣的事？"温和的语气让晓峰渐渐打开了话匣子。爸爸也特意把周末时间空出来，有时带晓峰去看新上映的科幻片，有时约他去小区篮球场打篮球。

某个周末的傍晚，晓峰和爸爸一起在公园打篮球，爸爸不小心摔倒了。晓峰连忙跑过去扶起爸爸，关心地问："爸爸，你没事吧？"爸爸笑着拍了拍晓峰的肩膀说："没事，儿子，谢谢你。"晓峰说："爸爸，我以前总觉得你很严肃，不太愿意和我说话。现在我觉得你很亲切，我愿意和你分享我的想法了。"爸爸欣慰地笑了。

专家指导

青春期是孩子人生中的一个关键时期，这一阶段的孩子们经历着身体和心理的巨大变化。父母应理解孩子的这些变化。

首先，父母需意识到，青春期的孩子正处于自我认同的探索期。

他们可能对外貌、能力或社交关系产生不安。此时，父母应避免否定孩子的感受，应通过耐心倾听和积极反馈，帮助他们建立健康的自我认知。

其次，适度赋予自主权是青春期教育的核心。父母可逐步放手，让孩子开始尝试做决定，并承担相应后果。这样既能培养孩子的责任感，也能增强孩子的抗挫折能力。当然，放手并不意味着完全不管，父母仍需在关键时刻给予指导和帮助。

此外，沟通是青春期亲子关系的关键。父母应尽量了解他们的内心世界和遇到的困难，及时给予支持。这样可以增进彼此的信任，减少冲突。

最后，父母还应关注孩子的心理健康。青春期是情绪波动较大的时期，孩子可能会遇到焦虑、抑郁等问题。父母要密切观察孩子的情绪变化。

总之，青春期的孩子需要父母的理解、支持和引导。通过积极的沟通和适当的分担，父母可以帮助孩子顺利度过这一重要的人生阶段，为他们的未来发展奠定坚实的基础。

3 为什么爸爸妈妈总是挑我的刺

小明是一个初二的学生，性格活泼开朗，喜欢运动和音乐。每天放学回家，他总是迫不及待地和父母分享学校里的趣事和新学的知识。然而，每次他兴致勃勃地讲述时，父母的反应总是让他感到失望。

"小明，你今天怎么又忘了带作业本？"妈妈一边整理家务，一边问道。

"我忘了，下次一定记得。"小明低着头说，有些不好意思。

"你这孩子怎么总是这么粗心？下次再忘了怎么办？"妈妈的语气中带着一丝责备。

"我知道错了，妈妈，我会注意的。"小明努力辩解着。

"你每次都说注意，结果呢？你看看你的房间，乱七八糟的，什么时候能收拾干净？"爸爸也加入了谈话。

小明感到很无奈，他知道父母是为了他好，但每次都被挑刺的感觉让他有些受不了。他默默地走进房间，关上了门。

心灵独白

1. 孩子的心灵独白

小明躺在床上，小声嘀咕道："为什么爸爸妈妈总是挑我的刺呢？我明明已经很努力了，为什么他们总是看不到我的优点，只看到我的缺点？每次我都想好好表现，但他们总是不满意。难道我真的是他们眼中的问题孩子吗？"

小明回想起小时候，父母总是夸他聪明、活泼，对他的期望也很高。但随着年龄的增长，父母对他的期望越来越高。每次他犯了一点小错误，父母都会严厉批评，让他感到压力巨大。

"也许他们只是太关心我了，担心我将来会遇到困难。"小明试图找到一些安慰自己的理由。

"我也需要他们的鼓励和支持啊！如果他们能多看到我的努力，少一些挑剔，我会更加自信，也会做得更好。"小明小声嘀咕。

2. 父母的心灵独白

"小明这孩子，怎么总是这么粗心大意？"妈妈一边收拾房间，一边叹气。

"是啊，我们都希望他能变得更好，但每次都看不到明显的进步。"爸爸也显得有些无奈。

"我们也是为他好，希望他能养成好的习惯，将来能有一个好的未来。"妈妈继续说道。

"我知道，但我们是不是太严厉了？每次都挑他的刺，会不会让他感到压力太大？"爸爸有些担心。

"也许是我们太着急了，但看到他这样，我们怎么能不担心呢？"妈妈回应道。

"我们应该多一些耐心，多一些鼓励，让他感受到我们的爱和支持。"爸爸提议道。

"你说得对，我们应该改变一下方式，让他感受到我们的关心和爱护。"妈妈回应道。

教育故事

在一个小镇上，有一对夫妇，他们有一个儿子叫林强。林强从小聪明伶俐，父母对他寄予了厚望。然而，随着林强的长大，父母发现他变得越来越叛逆，学习成绩也有所下降。

有一天，林强的父母决定和他进行一次深入的谈话。

"林强，我们知道你最近心情不好，能不能告诉我们发生了什么？"妈妈温柔地问道。

"没什么，只是觉得你们总是挑我的刺，让我感到很累。"林强低着头，声音很小。

"挑你的刺？我们只是希望你能变得更好。"爸爸有些激动。

"我知道你们是为我好，但每次都被挑刺的感觉真的很不好。"林强解释道。

"我们明白了，我们会改变我们的方式，多一些鼓励和支持。"妈妈承诺道。

从那以后，林强的父母开始改变他们的教育方式。他们不再总是挑林强的刺，而是更多地关注他的优点，给予他更多的鼓励和支持。渐渐地，林强变得更加自信，学习成绩也有了明显的提高。

专家指导

在现代家庭中，父母对孩子的期望往往很高。然而，过高的期望和挑剔往往会给孩子带来巨大的压力，甚至激发他们的叛逆和抵触情绪。父母应如何做才能和孩子建立良好的关系呢？

1. 理解孩子的心理需求

孩子在成长过程中不仅需要物质上的满足，更需要心理上的支持。父母应该多关注孩子的内心世界，了解他们的感受和需求，给予他们更多的理解和支持。

2. 学会欣赏孩子的优点

每个孩子都有自己的优点和特长，父母应该学会发现和欣赏这些优点，而不能总是盯着他们的缺点。通过鼓励和表扬，孩子会变得更加自信，也会更加努力地追求进步。

3. 建立良好的沟通机制

良好的沟通是家庭教育的基础。父母应该与孩子建立开放、平等的沟通机制，倾听他们的想法和意见，尊重他们的决定。通过有效的沟通，父母可以更好地了解孩子。

4. 适度放手，培养孩子的独立性

孩子在成长过程中需要逐渐学会独立解决问题。父母应该适度放手，给予孩子更多的自主权和决策权，让他们在实践中锻炼自己的能力。只有这样，孩子才能真正成长为独立、自信的人。

总之，父母在教育孩子时，应该多一些理解、多一些鼓励、多一些支持，少一些挑剔、少一些责备。只有这样，才能让孩子在健康、快乐的环境中茁壮成长。

4 爸爸妈妈，请别用唠叨压垮我

晨曦的微光如轻纱般洒在房间的每一个角落，唐晓像往常一样，在闹钟的催促下，揉着惺忪的睡眼，缓缓起身。起床后的他，无精打采地来到客厅。

刚一坐下，妈妈就开始唠叨起来："唐晓啊，你瞧瞧你，每次起床都拖拖拉拉的。时间就是生命，那些成功的人，哪个不是珍惜每一分每一秒？"

唐晓皱了皱眉头，无奈地低下头，继续吃着早餐。妈妈却丝毫没有停下来的意思："你看看你的房间，乱得像个鸡窝。你想想，一个连自己房间都收拾不好的人，以后在社会上怎么立足？还有，你的学习态度可得端正了，上课有没有认真听讲？成绩要是再上不去，可就麻烦了。别老是和那些不爱学习的孩子在一起，多和成绩好的同学玩。"

唐晓吃完早餐，准备去上学。刚走到门口，妈妈又追了出来："唐晓，你一定要认真听课，别和同学打闹。路上注意安全，风大，记得多穿点……"

心灵独白

1. 孩子的心灵独白

唉，爸爸妈妈为啥总是这么爱唠叨啊？每次都说那些我能倒背如流的话，难道他们不觉得烦吗？

小时候，有一次我发烧，爸爸妈妈焦急地守在床边，眼神里满是心疼和关爱，温柔地照顾着自己。那时候，我感受到了爸爸妈妈深深的爱。可如今，这份爱却时常被唠叨所掩盖。

我明白他们是关心我，可这样无休止的唠叨，真的让我感到压抑和厌烦。我也想努力，也想让他们开心，可他们的唠叨却让我反感。我希望他们能理解我，给我一些空间和自由，让我能按照自己的节奏成长。

2. 父母的心灵独白

唐晓的父母总希望孩子能走得更稳、更远，所以他们总是忍不住对孩子啰唆几句。

"我们这么唠叨，也是为了唐晓好。"妈妈说，"我们担心他走弯路，希望他将来能有好的发展。"

爸爸也轻声说道："是啊，我们也知道唠叨可能会让他心烦。可我们又不知道该怎么表达我们的关心，只有多叮嘱几句。"

他们以为只有通过多次提醒，才能让孩子把他们的话记在心里，所以总是在不经意间就开启了唠叨模式。

教育故事

在一个充满生活气息的小区里，住着一对睿智的夫妇和他们的儿子晓辉。

有一次，晓辉因为一次考试发挥失常而心情低落。父母并没有责怪他，也没有唠叨他，而是耐心地引导他。

妈妈温柔地问道："晓辉，我们看你今天情绪不太好，是不是考试没考好啊？这很正常，谁都有失误的时候。重要的是要知道自己错在哪儿，以后怎么改进。"

晓辉惊讶地看着父母，他们没有像其他家长那样指责，而是给了他理解和鼓励。

爸爸接着说："孩子，一次的成绩不能代表什么，我们要从这次经历中吸取教训。你要相信自己的能力，我们也会一直支持你。"

在父母的鼓励下，晓辉重新找回了自信，学习也更加努力了。

专家指导

在家庭教育中，许多父母往往会陷入一个误区，即通过唠叨的方式来表达对孩子的关心。然而，这种方式常常适得其反。

1. 唠叨的危害

（1）增加孩子的心理负担。过多的唠叨会让孩子感到被过度关注，产生心理压力。他们可能会害怕犯错，甚至对学习和生活产生抵触情绪，从而影响心理健康。

（2）破坏亲子关系。唠叨会让孩子感到厌烦和反感，进而影响亲子关系。孩子可能会开始躲避父母，不愿与他们交流，导致亲子之间的信任逐渐减少。

（3）削弱孩子的自信心。频繁的批评和指责会让孩子觉得自己做得不够好，从而削弱孩子的自信心。久而久之，孩子可能会对自己的能力产生怀疑，缺乏自我认同感。

2. 有效的沟通方式

（1）倾听与理解。家长要学会倾听孩子的心声，尊重他们的感受和想法。只有真正了解孩子的需求和困惑，才能给予有效的指导和帮助。

（2）及时给予肯定和鼓励。当孩子取得进步或努力做一件事情时，家长要及时给予肯定和鼓励，增强他们的自信心。

（3）树立榜样。家长要以身作则，用自己的言行举止为孩子树立榜样。孩子往往会模仿家长的行为，如果家长能够做到有条理、有计划、有耐心，孩子也会受到积极影响。

3. 建立良好的亲子关系

（1）关注孩子的需求。家长要关注孩子的情感需求和生活需求，给予他们足够的关心和支持，让他们感受到家庭的温暖。

（2）学会尊重孩子。家长要尊重孩子的个性和选择，给予他们一定的自由和空间，让他们学会独立思考。

（3）保持沟通渠道畅通。家长要与孩子保持良好的沟通，鼓励他们说出自己的想法和感受，及时解决问题和矛盾。

5

爸爸妈妈，请不要把我的敏感当矫情

晓璇是个内心世界极其丰富的 14 岁女孩。在学校里，她能从老师的一个眼神、同学的一声叹息中，察觉到许多细微的情绪变化。

学校组织绘画比赛，晓璇满心欢喜地想要参加。为了这次比赛，她花费了大量的课余时间，精心构思作品的每一个细节，想用色彩和线条表达对自然界万物的热爱。然而，当妈妈看到晓璇的初稿时，皱了皱眉，说道："璇璇，你画的这都是什么呀？你看隔壁家的倩倩，画的都是漂亮的公主。你怎么不画点大家都能看懂的东西？"晓璇听了，心里一阵委屈，解释道："妈妈，我画的每一笔都有我的想法。"妈妈却不以为然，不耐烦地说："你呀，就是想得太多，太敏感。画画就是图个开心，别搞得这么复杂。"

晓璇的心情瞬间跌入谷底，原本高涨的热情被妈妈的话浇灭了大半。她默默地收起画具，不想再和妈妈争论。

从那以后，她每次拿起画笔，妈妈的话都会在晓璇耳边回响，让她无法专注。

心 灵 独 白

1.孩子的心灵独白

我的许多想法和做法，在妈妈眼里都成了矫情。我用画笔描绘生命的色彩，可妈妈只看到凌乱的涂鸦。我多希望她能走进我的内心世界，看看那些被她忽略的敏感角落。可每一次尝试，都像撞上一堵无形的墙，疼得我只能默默咽下委屈。我多渴望她能看见我眼中独特的美好，而不是一味地否定我。

2.妈妈的心灵独白

晓璇上初中后就像变了个人，画的画越来越抽象难懂，想法也愈发天马行空。现在说不得碰不得，稍说一句就闷闷不乐，整天把自己锁在房间里。我知道这是成长的必经阶段，可看着她这么敏感脆弱的样子，真让我既着急又心疼。

教 育 故 事

王老师发现晓璇最近变得沉默寡言，课堂发言不再积极，作业质量也明显下滑。一次家访中，晓璇妈妈无奈地表示："这孩子现在太敏感了，一点小事就闹脾气，我真不知道该怎么跟她沟通。"说着眼眶就红了。察觉到问题的严重性，王老师精心策划了一场以"理解与被理解"为主题的班会。

班会当天，她在黑板上写下"理解与被理解"这五个大字。 班会从一段科普视频开始，王老师用专业又亲切的语言讲解青春期孩子的心理特点，特别强调了敏感这一特点。王老师说："敏感不是缺点，是一种特殊的感知能力。"她注意到晓璇慢慢抬起了头。随后的分组讨论中，当同学们分享被误解的经历时，晓璇终于哽咽着开口："我画的画在妈妈眼里只是乱涂的色块，我的难过在她看来都是小题大做。"

王老师轻轻牵起晓璇的手，邀请母女俩来到讲台中央。妈妈搓着衣角先开口："为什么你现在画的画我都看不懂呢？我说你两句，你就整天不理我了，这么敏感吗？"晓璇红着眼眶回应："每一幅画都是我对生命的看法，每一笔都是我心底的梦。"王老师引导妈妈："您想想，您小时候有没有追求过梦想但不被人理解的情况？"妈妈沉默片刻，想起自己小时候渴望成为作家的梦想。

随后，王老师让晓璇和妈妈互换角色，体验对方的感受。妈妈扮演晓璇，说出那些被忽视的委屈；晓璇扮演妈妈，体会妈妈的担忧。角色互换后，两人眼眶都红了。妈妈紧紧抱住晓璇："宝贝，对不起，妈妈没有好好理解你。"

班会结束后，晓璇脸上重新有了笑容，学习也更认真了。这次班会不仅化解了晓璇母女的矛盾，也让全班同学学会了理解与沟通，班级氛围更加和谐了。

专家指导

青春期的初中生在生理和心理层面都经历着巨大变化，敏感是这一阶段的典型特征之一。父母作为孩子成长路上的引导者，其行为与态度对孩子的影响很大。深入探讨父母如何应对初中生的敏感心理，能促进家庭关系的和谐发展，为孩子创造健康的成长环境。

（一）初中生敏感的原因

1. 生理发育的影响

初中生的身体快速发育，激素水平变化显著。例如，性激素的大量分泌会扰乱大脑神经递质的平衡，导致初中生的情绪波动大；甲状腺激素水平的变化则可能使孩子对外界的刺激更加敏感，微小的事件也可能使孩子产生强烈的情绪反应。这些生理变化是敏感心理产生的基础。

2. 心理发展的特点

（1）自我意识的觉醒。初中生开始更加关注自我，对自己的外貌、能力、性格等方面有了更深入的思考。他们渴望得到他人的认可与尊重，非常在意他人的评价。当接收到负面评价时，他们容易陷入自我怀疑甚至自我否定，进而产生敏感心理。

（2）认知发展的局限。虽然初中生的认知能力有所提升，但在面对复杂的人际关系和社会现象时，他们容易片面地理解他人的行为和言语，将其过度解读为对自己的否定或攻击，从而产生敏感情绪。

3. 家庭环境的作用

父母的教养模式对孩子的心理发展有很大的影响。过度严厉或过度保护的教养模式都可能导致孩子比较敏感。严厉的父母可能会对孩子的行为提出过高的要求，如果孩子达不到要求，就会受到批评和指责。这使得孩子长期处于紧张和焦虑的状态，对他人的评价格外敏感。而过度保护孩子的父母则会为孩子包办一切，剥夺了他们锻炼和成长的机会，使得孩子在面对挫折和困难时缺乏应对能力，容易产生自卑和敏感心理。

家庭氛围的和谐程度也会影响孩子的心理健康。在一个充满争吵和冲突的家庭环境中，孩子往往会缺乏安全感，对周围的环境充满警惕，从而表现出敏感的特征。相反，温馨、和谐的家庭氛围能够给予孩子足够的支持和关爱，有助于培养他们的自信和安全感。

（二）初中生敏感的影响

1. 对学习的影响

（1）学习动力不足。敏感的初中生往往对自己的学习能力缺乏信心，容易受到他人评价的影响。一旦在学习中遇到困难或挫折，他们就会怀疑自己的能力，从而失去学习的动力。

（2）注意力不集中。过度敏感的初中生在学习过程中往往容易分心，无法专注于学习内容。他们会花费大量的时间和精力关注他人对自己的看法和评价，而忽视了自身的学习任务。例如，在课堂上，他们可能会担心被同学嘲笑而不敢主动发言，从而影响学习效果。

2. 对生活的影响

（1）情绪波动大。敏感的初中生的情绪容易受到外界因素的影响，波动较大。被父母误解或与朋友发生矛盾都可能让他们陷入情绪低谷。长期的情绪不稳定会影响他们的身心健康，导致他们出现睡眠障碍、食欲不振等问题。

（2）社交退缩。由于对他人的评价过于敏感，他们往往害怕在社交场合中表现自己，担心被他人嘲笑或拒绝。因此，他们会回避社交活动，逐渐与同伴疏远。

3. 对心理健康的影响

（1）焦虑和抑郁。长期处于敏感状态下的初中生，容易产生焦虑和抑郁情绪。他们对未来充满担忧，对自己缺乏信心，无法正确应对生活中的压力和挫折。如果他们的这些负面情绪得不到及时的疏导和缓解，可能会发展为抑郁症等心理疾病。

（2）自卑心理。敏感的初中生往往过于关注自己的缺点和不足，容易产生自卑心理，从而影响自我认知和自我评价。

（三）专业建议

1. 构建有效的沟通模式

父母要创造专门的沟通时间，如每天晚餐后的半小时，认真倾听孩子的心声。当孩子讲述时，父母要放下手中事务，用点头、微笑等方式表示理解与认同。

父母应理解孩子的感受，用语言表达对孩子情绪的认同。当孩子因考试失利而难过时，父母可以说："我能理解你现在的失落，你付出了努力却没得到理想的成绩，心里肯定不舒服。"通过共情，拉近与孩子的距离，让孩子愿意敞开心扉。

2. 调整教养模式

父母应给予孩子一定的自主决策权，比如在选择兴趣班、购买学习用品时，尊重他们的意愿。当制定家庭规则时，父母应让孩子参与讨论，使他们感受到自己是家庭的重要成员。长期来看，这种民主的教育模式不仅能增强孩子的自信心，还能减少孩子的逆反心理。

父母应适度地为孩子设置一些学习挑战，比如完成具有一定难度的学习任务。当孩子遇到困难时，父母应鼓励他们独立思考解决办法，从而培养抗挫折能力。例如，当孩子面临沟通障碍时，父母可以引导他们反思并改进沟通方式，而非替他们解决。这种方式不仅能提升孩子的问题解决能力，还能帮助他们在未来更从容地应对挑战。

3. 营造和谐的家庭氛围

父母应学会管理情绪，尽量避免在孩子面前发生争吵。若不慎在孩子面前发生争吵，父母应及时化解矛盾，并向孩子说明争吵与他无关，以消除孩子内心的恐惧与不安。

父母可以定期组织家庭活动，如安排户外野餐、短途旅行。这些互动能增进亲子感情，让孩子在温馨的家庭氛围中获得安全感。

初中生的敏感心理是多种因素综合作用的结果。在这个成长关键阶段，父母的引导尤为重要。父母构建有效的沟通模式、调整教养模式和营造和谐的家庭氛围，能够帮助孩子缓解敏感心理，促进其心理健康发展。在实践过程中，父母应根据孩子的个体差异，灵活运用各种策略，为孩子的成长保驾护航。家庭与学校、社会应协同合作，共同为初中生心理健康创造良好的环境。

6 妈妈，请不要给我贴标签

"雨辰，你又在看漫画书！你就不能学习会儿？"妈妈刚下班回家，瞥见女儿蜷在沙发上捧着漫画，眉头瞬间拧成了"川"字。

雨辰肩膀一缩，合上书小声辩解："我写完作业了。"

"写完作业就没事了吗？预习、复习都做了吗？"妈妈把包重重搁在桌子上，"整天看这些没'营养'的闲书，成绩怎么能好？"妈妈的声音越来越大。

雨辰委屈极了，眼眶泛红，她不明白，为什么自己只是看会儿喜欢的漫画，就被妈妈贴上"不上进"的标签。"妈妈，请不要给我贴标签！"雨辰终于忍不住，大声喊了出来。

妈妈愣住了，她看着女儿，发现女儿眼中满是委屈。

雨辰深吸一口气，鼓起勇气说："看漫画不代表我不喜欢学习，我也努力学习了，这次考试数学还进步了呢。我知道您希望我成绩好，可不能因为我看漫画就否定我啊。"面对雨辰的反抗，妈妈说："你这次数学就进步了一点点。"

雨辰回到卧室，把自己锁在屋里。接下来的两三天，雨辰放学后就把自己关在房间，母女俩谁都不理谁……

心灵独白

1. 孩子的心灵独白

我真的好委屈啊！我每天都在努力学习，好不容易写完作业想放松一下，看会儿喜欢的漫画，怎么就成了没上进心呢？妈妈总是这样，根本不了解我，就随便给我贴标签。她只看到我在看漫画，却看不到我为了学习付出的努力，这次数学考试我明明进步了很多，但她觉得我进步不大。我知道她的工作很辛苦，做的一切都是为我好，可也不能这样打击我啊！我就不能有自己的爱好吗？我真的受够了这些莫名其妙的标签，我多想让她听听我的想法。

2. 妈妈的心灵独白

这孩子怎么这么不懂事！我盼着她能专心学习，将来考个好大学。她写完作业就抱着漫画看，心思没有完全放在学习上。我说她两句，她就喊着不要给她贴标签。难道我说错了吗？

教育故事

争吵过后，雨辰回到房间，趴在床上哭了一场。哭累了，她望着满墙自己画的漫画草稿，心想："妈妈可能真的无法理解我的爱好。"妈妈在客厅坐着，心里也乱糟糟的，她看着女儿紧闭的房门，开始反思自己是不是太过分了。双方虽然都认识到了错误，但碍于面子，都没有做出让步，就这样冷战了三天。

第四天，雨辰主动走到妈妈面前，低着头，声音带着一丝紧张：

"妈妈，我们能好好聊聊吗？"妈妈连忙点头，拉着女儿坐在沙发上。女儿深吸一口气，把自己对漫画的热爱，从漫画中学到的知识，以及每次努力学习却被妈妈忽视的委屈，一股脑说了出来。妈妈静静地听着，眼眶渐渐湿润，她没想到自己的几句话，竟然给女儿带来这么大的伤害。

妈妈握住女儿的手，愧疚地说："宝贝，这次是妈妈不对，妈妈忽略了你的爱好和努力。你能原谅妈妈吗？"女儿用力地点点头，眼中闪着泪花："妈妈，我也有错，不该冲您发脾气。"从那以后，妈妈开始主动了解漫画，陪女儿一起看漫画书，讨论故事情节和绘画技巧。雨辰也更加努力学习，成绩稳步上升，母女俩的关系越来越亲密。

专家指导

青春期是人生历程中的重要阶段。青春期孩子的自我意识开始觉醒，他们急切地探索自我、追求独立。在这个关键的时期，父母的教育方式对孩子的成长走向起着决定性作用。恰当的教育能够助力孩子顺利度过青春期，为他们的未来发展筑牢根基；反之，错误的教育方式则可能给孩子带来难以磨灭的负面影响。而在诸多错误教育方式中，给孩子贴标签的行为尤为值得关注。

父母常常基于孩子的单次行为或暂时性表现，下意识地为其贴上"笨""懒惰""叛逆"等概括性标签。也许在父母眼中，这些标签是为了督促孩子改正错误的一种手段。他们从未意识到，这些简单的标签可能会对孩子的心理造成严重的伤害。

（一）标签的具象化呈现

1.日常评价中的标签

在日常生活场景中，父母给孩子贴标签的行为屡见不鲜。当孩子赖床时，父母可能会随口说道："你真是个懒孩子。"当孩子做作业，不小心把数字写错时，父母便可能给孩子贴上"粗心鬼""马大哈"的标签。当孩子在公共场合表现得较为内敛，不愿主动与他人打招呼时，父母可能会焦急地向旁人解释："我家孩子就是胆小，不爱跟人打交道。"这些看似不经意的话语，实则是父母给孩子贴上的一个个标签。这些标签一旦形成，就像影子一样，紧紧跟随着孩子，对孩子的心理产生深远的影响。

2. 对比中产生的标签

父母常常喜欢将自己的孩子与他人进行比较。在这种比较中，孩子往往被贴上各种负面标签。例如，当邻居家的孩子在演讲比赛中获奖时，有的父母可能会对自己的孩子说："你看看人家的口语表达能力多好，再看看你，说话都紧张。"当孩子成绩不如班里的某个同学时，有些父母便会指责："你就是太笨了，同样的老师教，别人能考好，你怎么就不行？"这种对比式标签会严重打击孩子的自信心和自尊心，容易使孩子产生"我确实不如别人"的自我怀疑。

（二）标签化教育出现的原因

1. 沟通方式问题

青春期孩子的身心变化犹如一场风暴，他们的情绪波动明显，时而兴奋激动，时而低落消沉。自我意识的觉醒让他们渴望被当作独立的个体对待，渴望拥有更多的自主权利。然而，这些变化往往让父母猝不及防，难以适应。

许多父母在与青春期孩子沟通时，仍沿用居高临下的语气说教。当发生争吵时，双方情绪都比较激动，父母只顾着表达自己的愤怒，没有真正倾听孩子的心声。当孩子试图表达自己的想法和感受时，父母可能会因忙碌而表现出不耐烦，甚至打断孩子的话语。这种失效的沟通最终导致孩子逐渐沉默，他们不再主动分享心事，对父母的信任度降低，遇到成长问题时更倾向于向同伴而非父母寻求帮助。

当父母无法真正了解孩子的想法和行为动机时，就容易产生误解，进而给孩子贴上各种标签。比如，孩子因学业压力大而情绪低落，父母则可能误以为孩子在闹脾气，从而给孩子贴上"不懂事"的标签。如果父母能耐心倾听孩子的心声，给予他们理解和支持，便可以避免这种误解。

2. 观念差异问题

在传统教育观念中，父母往往习惯于用固化的标准来评判孩子的表现。他们认为孩子的学业成绩必须名列前茅，否则就是孩子懒惰或不够用功；要求孩子无条件服从父母的指令，将孩子的任何不同意见都视为叛逆行为。这种非黑即白的评判方式，导致父母总是急于给孩子贴上各种负面标签，忽视了行为背后的情感需求，以及每个孩子与生俱来的个体差异。

（三）标签化教育给孩子带来的负面影响

1. 限制自我认知发展

青春期是自我认知体系形成的关键期。当父母给孩子贴上"愚笨""没出息"等负面标签时，这些评价会像心理暗示般在孩子心中生根发芽。渐渐地，孩子会形成一种扭曲的自我认知，即使面对力所能及的任务，也会产生"我肯定做不好"的预设。这种自我认知偏差，让孩子在成长过程中不能准确认识自身的优势与潜力，严重限制了个人的成长与发展。

2. 影响性格发展

负面标签是青少年性格发展过程中的潜在阻碍。例如，被贴上"叛逆"标签的孩子，可能会逐渐内化这一角色定位，进而表现出更强烈的叛逆行为，甚至通过极端举动来对抗父母的评判。这种恶性循环不仅固化了孩子的负面行为模式，还会进一步激化亲子矛盾。

3. 造成心理创伤

父母施加的负面标签，可能会对孩子的心理健康造成严重且持久的影响。这些负面评价会在孩子的脑海中反复浮现，降低他们的睡眠质量，进而影响他们的精神状态。部分孩子可能会因无法承受这种心理压力，陷入抑郁情绪，从而对生活失去热情。

（四）勇敢撕掉标签，重塑健康教育

1. 尊重孩子的个性与兴趣

故事中的雨辰对漫画充满热爱，这份兴趣是她独特个性的展现，也为她的生活增添了色彩与快乐。然而，妈妈却将看漫画视为"不务正业"，忽视了漫画对女儿的意义。这种现象并非个例，部分家长习惯以成绩为唯一标尺，将自己的价值观强加于孩子，无形中剥夺了他们发展爱好的权利。事实上，教育的智慧在于尊重个性差异。每个孩子都是独特的个体，兴趣爱好恰似一扇窗口，透过它，孩子能更积极地连接世界。家长若能以发现宝藏的心态看待孩子的兴趣，给予真诚的支持，孩子便能在热爱的土壤中生根发芽，收获成长必需的自信与成就感。

2. 有效的沟通

亲子冲突的根源在于沟通方式的错位。当父母习惯用指责的语气与孩子对话时，亲子间的隔阂就会不断加深。父母要学会倾听，给予孩子充分表达的空间，不随意打断或评判，让孩子感受到被尊重和理解。同时，家长也要学会清晰、温和地表达自己的关切和期望，避免使用伤害性的言辞。只有通过真诚的沟通，父母才能走进孩子的内心世界。

3. 关注孩子的全面发展，不要只在乎孩子的成绩

成绩固然重要，但孩子的成长是多维度的，包括品德、兴趣、创造力、社交能力等方面。家长应树立全面发展的教育观念，关注孩子在不同领域的成长与进步。当孩子在非学业方面取得成绩时，父母也要给予充分的肯定和鼓励。

4. 学会自我反思，及时调整教育方式

在家庭教育中，父母犯错并不可怕，关键是要勇于承认错误，并及时调整教育方式。父母需要不断学习与成长，根据孩子的特点和需求，灵活运用教育方法。当父母发现自己的教育方式对孩子造成负面影响时，应果断改变，以更科学、合理的方式陪伴孩子成长。

家庭教育是一场融合爱与智慧的成长之旅。父母需要以尊重为基石，以沟通为桥梁，以全面发展为方向，耐心陪伴孩子。父母要为孩子撑起一片任其翱翔的蓝天，让每个孩子都能绽放独特的光彩，最终实现亲子共进、相伴成长的美好愿景。

爸爸妈妈，请给我一点独立空间

　　晓峰妈妈像往常一样到孩子的房间帮他整理那张被书本"占领"的书桌。她正将散落的习题册一本本归位时，房门突然被猛地推开。"你怎么又随便进我房间！"孩子站在门口，书包还挂在肩上，脸上的表情从惊讶瞬间转为愤怒。

　　周末，晓峰说要和同学一起打游戏。"作业写完了吗？和谁一起玩？玩多久？"妈妈连珠炮似的追问，让正在调试耳机的晓峰动作一滞。"妈！你别管这么多了！"涨红的脸和颤抖的声音里满是压抑已久的烦躁。妈妈被这突如其来的爆发惊得后退半步。但很快，惊愕就被怒火取代，她指向凌乱的房间，说道："整天就知道打游戏，房间乱得像猪窝，现在竟然还敢摔东西了！"这场冲突像一堵无形的墙，将原本温馨的家隔成了两个世界。晓峰和父母之间几乎零交流，他把自己封闭在房间里，从此学习成绩也一落千丈。

心灵独白

1.孩子的心灵独白

我和妈妈的矛盾，就像一座随时会爆发的火山。今天这件事，不过是压垮骆驼的最后一根稻草。我只是想在周末和朋友组队打会儿游戏，可妈妈却觉得我浪费时间。她总是对我打游戏这件事极其反感。只要看到我坐在电脑前，不管我是在查资料，还是在玩游戏，她都会立刻冲过来唠叨个没完："作业写完了吗？怎么又在打游戏？"这些话就像紧箍咒，每天在我耳边循环播放。我的房间本该是我的小天地，可她总是不敲门就直接闯进来。有时候，我正和朋友语音聊天，分享学校里的趣事，她突然推门而入，我只能慌忙挂断。我好不容易按照自己的习惯整理好书桌，书本摆放得整整齐齐，可她每次进来"打扫"，都会把东西翻得乱七八糟。为什么妈妈总是过度干涉我的生活？

2.妈妈的心灵独白

这孩子最近越来越叛逆，整天嚷着要独立空间。他就是被那些所谓"独立自由"的想法带偏了。现在的网络游戏环境多复杂啊，万一交到坏朋友，染上不良习惯可怎么办？我这么关心他，反倒成了他的负担。上周末，我们出门办事前千叮咛万嘱咐让他在家写作业。他作业没写几页，看了一整天电视。这要是给他完全的自由，他肯定管不住自己。孩子终究是孩子，哪里懂得我们做父母的良苦用心？可这些话，说再多他也听不进去，真是愁人。

教育故事

班主任了解晓峰的情况后，约晓峰的父母来学校面谈。在办公室里，晓峰的父母满脸无奈地向班主任诉说着他们的担忧。他们觉得孩子正处于关键时期，担心他受到外界不良因素的影响，所以才时刻关注他的动态。班主任耐心地倾听完他们的想法，然后告诉他们，孩子已经长大了，有了自己的思想，过度的干涉只会适得其反。建议他们尊重晓峰的隐私，进房间前先敲门，不要随意翻看他的东西，尝试以平等、信任的态度与孩子沟通。同时，班主任也给晓峰提出了一些建议，让他理解父母的良苦用心，主动和父母沟通自己的需求和想法。为了帮助他们修复关系，班主任还组织了一次特殊的家庭会议。在会议上，班主任引导晓峰和父母坦诚地表达自己的感受和想法。晓峰哭着说出了自己对独立空间的渴望，以及父母的干涉给他带来的痛苦。晓峰父母听后，也意识到了自己的错误，向孩子真诚地道歉。从那以后，晓峰的父母开始尝试改变他们的教育方式。他们为晓峰重新布置了房间，还特意在房间里设置了休闲角落，让他可以在学习之余放松身心；他们每次进晓峰的房间前，都会先敲门，得到允许后才进去。晓峰变得开朗起来了，学习态度也更加积极主动了，和父母的关系也日益融洽了。

专家指导

随着初中生自我意识的迅速发展，他们对独立空间的渴望愈发强烈，然而家长在满足这一需求时，往往面临诸多困惑与挑战。下面，我们将深入剖析这些问题，并为家长提供切实可行的解决策略。

（一）问题剖析

1. 家长过度保护

许多家长对孩子的安全与未来过度担忧，难以割舍对孩子的全方位掌控。这种心态致使家长频繁干涉孩子的生活细节，如在孩子学习时，频繁进出房间送水果、询问学习进度。

2. 忽视隐私边界

部分家长尚未充分意识到尊重孩子隐私的重要性，常常未经允许便擅自翻看孩子的私人物品，包括书包、日记、微信聊天记录等。例如，一些家长以了解孩子内心想法为由查阅孩子的日记，却忽略了这种行为不仅会伤害孩子的自尊心，更会严重破坏亲子间的信任基础。

3. 沟通方式不当

在与孩子沟通问题时，部分家长未采用平等、有效的沟通方式。他们往往以命令式的口吻与孩子交流，很少倾听孩子的想法和需求。比如，有些家长单方面决定房间的布置风格，完全不顾孩子的喜好。这种强制干预会让孩子产生抵触情绪，影响亲子关系。

（二）心理学角度解读

初中生正处于自我意识快速发展的阶段，更加关注自己的内心世界和个人形象，对"我是谁""我有什么特点"等问题有了更强烈的探索欲望。独立空间为他们提供了一个可以独自思考、审视自己的环境，有助于他们形成清晰的自我概念。初中生通过在这个空间里的自我表达和探索，如张贴自己喜欢的海报、摆放个性物品，来展现和塑造独特的自我。随着学习任务的加重和人际关系的复杂化，初中生面临着更多的压力和挑战，独立空间成为他们的"安全基地"。在这个熟悉且可控的空间里，他们可以放松身心，缓解外界带来的焦虑。

处于青春期的孩子强烈渴望挣脱父母的管控，追求自主权。独立空间恰如其分地满足了这一需求，在这里，他们可以自主决定房间陈设、自由安排作息时间。这可让他们体验自己对生活的掌控感。

（三）专业建议

1.家长要认识到给予孩子独立空间的重要性

初中生在独立空间中能够自由安排学习和娱乐时间，如自主制订周末学习计划。这有助于培养他们的自我管理能力，为未来独立生活奠定基础。

独立空间为孩子提供了自由探索兴趣的环境。比如，孩子可以在自己的房间里绘画，不受干扰地发挥想象力，创造出独特的作品。

孩子在独立空间中解决问题，会获得成就感，从而增强自信心，在面对生活和学习的挑战时更有勇气。

2.家长为孩子打造物理独立空间

房间的装饰和布局应尊重孩子的喜好。例如，喜欢天文的孩子可以用星空壁纸和望远镜模型装饰房间；热爱音乐的孩子则可以设置乐器摆放区。

家长可在孩子房间安装锁具，让他们安心存放日记、信件等私人物品；同时需定期检查电器线路、家具稳固性等，确保安全。

3.家长给予孩子心理独立空间

家长应当尊重孩子的隐私权，未经孩子允许不得翻看他们的日记、手机聊天记录等。

当选择兴趣班、购买书籍时，家长给予孩子充分的决定权。即使孩子决策有误，这些"试错"经历恰恰是他们积累生活经验的宝贵机会。

家长与孩子沟通时，应当保持平和的心态。例如，在讨论家庭出游计划时，家长要认真倾听孩子的想法和建议。这种互动方式能让孩子感受到被重视，同时培养其决策能力。

4.家长把握好放手尺度

家长给予孩子独立空间并非放任自流。家长可通过与孩子约定时间，定期检查作业完成情况，确保孩子没有因过度自由而荒废学业。

当孩子在独立空间中遇到困难或做出错误决策时，家长要及时给予引导。比如，当孩子因沉迷游戏而影响学习时，家长要耐心沟通，帮助孩子意识到问题，合理安排游戏时间。

（四）预防措施

1. 建立亲密信任的亲子关系

家长应每天安排固定时间与孩子交流，分享生活中的趣事或烦恼，了解孩子内心的想法与感受。这种持续的互动能让孩子感受到家长的关心，从而加深亲子间的情感。

当孩子倾诉时，家长需暂停手头事务，保持专注倾听，并通过眼神接触、点头等动作给予回应。当家长对孩子的观点表示认可时，孩子会更愿意主动沟通。

2. 引导孩子正确看待独立与依赖

家长通过绘本故事、日常实例等形式，与孩子自然探讨独立与依赖的关系，让孩子明白在成长过程中，既需要一定的独立空间来发展自我，也需要与家人、朋友相互依赖、相互支持，不能片面地追求独立而忽视了与他人的联系。

家长在生活中要展现出既独立又能与他人良好合作、相互关爱的形象，让孩子从家长身上学习到正确的行为模式，对独立和依赖有更准确的认知。

家长为孩子打造物理独立空间，可以赋予孩子安全感与归属感；尊重孩子的心理空间，可以让信任在亲子间生根发芽；给予孩子自由时间，可以培养他们自主管理的能力。因此，父母应珍视孩子对独立空间的需求，用爱与智慧，助力他们在独立之路上稳步前行！

妈妈，我对未来感到迷茫

8

情景故事

　　雅婷是个七年级的学生，最近学校举办了梦想分享会，同学们纷纷描绘着自己的未来，有的想当科学家，有的要做医生，雅婷却发现自己好像什么都做不好，那些闪闪发光的未来与她无关。

　　回到家后，雅婷和妈妈坐在客厅里，气氛有些压抑。雅婷小声嘟囔着："我对未来感到迷茫。"妈妈听后，一脸惊讶，放下手中的书，看着女儿。

　　妈妈拉着女儿的手，温柔地说："宝贝，能和妈妈说说为什么这么想吗？"她低着头，眼泪在眼眶里打转："我画画不如小美，跳舞也比不上琪琪，学习成绩始终不上不下，无论怎么努力，还是老样子。"她越说声音越小，仿佛每一个字都在证明自己的普通，"我觉得自己没什么优势，以后肯定没什么出息。"

　　妈妈轻轻抱住雅婷："傻孩子，每个人都有自己的闪光点。你记不记得上次社区手工活动？你做的那束纸艺向日葵，花瓣一层层叠得又均匀又精致。"雅婷微微抬起头，眼中闪过一丝光亮，但很快又咬住嘴唇："可这算什么呀，做手工又不能当饭吃。"她攥紧衣角，声音越来越小，"网上那些手工博主都比我厉害多了。"

妈妈张了张嘴，最终只是揉了揉她的肩膀："那先休息会儿吧。"

心灵独白

1. 孩子的心灵独白

我真的觉得自己好差劲，同学们都有那么厉害的梦想，可我好像什么都做不好。画画赶不上小美，她画的画每次都被老师表扬；跳舞也不如琪琪，她总能在舞台上闪闪发光。就连学习成绩，我也总是在中等徘徊。

我知道妈妈是为我好，可做手工再好又有什么用呢？又不能作为一份了不起的事业。一想到未来，我就觉得一片迷茫，根本不知道自己能做什么。我真的能找到属于自己的路吗？

2. 妈妈的心灵独白

看着女儿满脸沮丧地说出"我对未来感到迷茫"，我的心像被重锤敲了一下。她平时总是开心地哼着歌上学，怎么突然就对未来迷茫呢？是学校里发生了什么，还是我忽略了那些她欲言又止的瞬间？

回想起她小时候学走路时，一次次摔倒又一次次爬起来，眼神里满是坚定，那时的她从不害怕失败。可现在她只看到别人的长处，却对自己的优点视而不见。我知道这个阶段的孩子特别容易受外界影响，在她眼里，一次的落后就仿佛是一辈子的失败。我不能让她就这么消沉下去，我要让她明白，人生不是一场短跑，一次的输赢说明不了什么。她做手工的天赋是她独特的优点。我得帮她把这个优点挖掘出来，让她重新看到自己的价值，勇敢地拥抱未来。

教育故事

雅婷妈妈起身走进书房，拿出一个旧相册，坐在雅婷身边一页页翻看。相册里有雅婷小时候第一次学会走路，摇摇晃晃却坚定地迈出步子的样子；有她第一次背上书包，满脸兴奋地踏入校园的样子；还有她在幼儿园表演节目时，虽然紧张但努力完成的样子。

妈妈指着照片对雅婷说："你看，你成长的每一步都很珍贵。你学走路时，摔倒了无数次，可你从来没放弃，最后也稳稳地跑起来了。未来就像你学走路一样，现在你觉得困难重重，看不到希望，但只要你不放弃，一步一个脚印，总能走出属于自己的路。"

雅婷认真地听着，心中的阴霾渐渐散去。也许，未来的路还很长，充满未知，但她明白自己的未来并非黯淡无光，只是还在等待她去用心描绘。

专家指导

在当下的教育环境中，越来越多的学生对未来感到迷茫。这一现象绝非偶然，更像一记沉重的警钟，叩击着家长与教师的心弦：究竟是什么，让这些本该朝气蓬勃、心怀梦想的孩子，竟对未来感到如此迷茫？

（一）剖析观念产生的深层原因

1. 社会压力与竞争焦虑

每年数以百万计的毕业生如潮水般涌入就业市场，使得就业岗位供不应求。学生从踏入校园的那一刻起，就感受到了未来就业的巨大压力。这种压力如同沉重的巨石，压在学生的心头，让他们对未来充满了焦虑和不安。

2. 成长环境的影响

（1）家庭因素。家庭，是孩子成长的第一环境，对孩子的未来认知有着深远的影响。

父母的期望也是一把双刃剑。适度的期望能够成为孩子前进的动力，但过高的期望可能让孩子不堪重负。有些父母将自己未实现的梦想强加在孩子身上，给孩子制定过高的目标。孩子如果无法达到这些目标，就会怀疑自己的能力，觉得自己辜负了父母的期望，逐渐迷失了方向。

家庭氛围同样至关重要。一个充满爱与理解、鼓励与支持的家庭，能让孩子感受到温暖，从而拥有积极向上的心态。相反，经常充满争吵和矛盾的家庭，会让孩子产生恐惧和不安的情绪，影响他们对未来的看法，变得消极和悲观。

（2）学校环境。学校是孩子学习和成长的重要场所，其教育模式和氛围对学生的未来有着深远影响。

同伴压力也是影响学生心理的重要因素。在学校里，同学之间的相互比较无处不在。当看到身边的同学在各个方面表现出色时，一些学生可能会产生自卑心理。

3. 自我认知偏差

（1）过低的自我评价。学生对自己的评价往往会受到多种因素的影响。有些学生在学习某些学科时可能会遇到较大困难，即便付出了努力，成绩却依然不理想。这种情况会让他们对自己的整体能力产生怀疑。

性格内向的学生在社交和学习中也可能面临更多挑战。他们往往不善于表达自己，在课堂上很少主动发言，也难以融入小组活动。长期处于这种状态下，他们可能逐渐形成"自己毫无价值"的认知，甚至对未来感到恐惧和绝望。

（2）目标的缺失。目标，就像人生道路上的灯塔，为人们指引前进的方向。然而，许多学生在成长过程中因为缺乏明确的目标，在未来的道路上迷失了方向。在这种状态下，他们很容易对未来失去热情。

（二）改变观念，拥抱未来

1. 要重视孩子的内心感受

家长不要忽视孩子对未来的消极看法，要主动询问原因，认真倾听孩子的烦恼，关注孩子的心理健康，重视孩子的内心想法，让孩子感受到被尊重和理解。教师要贯彻以人为本的教育理念，以学生为中心，关注学生的情感和需求，帮助学生找回被忽视的自我价值，唤醒学生内心积极向上的力量。

2. 榜样示范，鼓励教育

家长和教师应帮助孩子发掘自身优点，以此增强他们的自信心；通过榜样人物的优秀品质和模范行为来激发他们的学习动力。要让孩子明白：努力与成长本身就是价值，未来永远充满无限可能。

3. 多元发展观

家长和教师不应把成绩的好坏作为衡量孩子是否优秀的唯一标尺，要引导学生认识到成长的每一步都有价值；要尊重孩子的兴趣爱好，挖掘孩子的潜力；要帮助孩子摆脱对自我的消极评价，以更积极的态度看待自己的未来。

4. 积极的自我对话

语言的力量是无穷的，积极的自我对话能够像阳光一样，驱散内心的阴霾，照亮前行的道路。当面对困难和挫折时，父母要教会孩子用积极的语言鼓励自己。比如，当考试失利时，孩子可以对自己说："这次考试让我发现了自己的不足之处，我正好可以借此机会查漏补缺，下次一定能取得进步。"

父母可以引导孩子每天花一些时间进行积极的自我暗示，比如，孩子对着镜子说："我是有价值的，我有能力实现自己的梦想。我相信自己，今天又是充满希望的一天。"这样能够逐渐增强孩子的自信心，让孩子以更加积极的态度面对生活和学习中的各种挑战。

未来，犹如一幅尚未展开的画卷，充满了无限的可能。每一位学生都是这幅画卷的创作者，他们手中的画笔，就是自己的努力与坚持。无论前方道路上有多少艰难险阻，只要坚定信念、勇往直前，就一定能够在画卷上描绘出绚丽多彩的人生篇章！

妈妈，我讨厌经常被说教

周末晚上，妈妈在厨房准备晚餐，晓梦坐在沙发上心不在焉地翻书。妈妈探出头想和她聊聊学习。

妈妈温和地说："这周在学校感觉怎么样？有没有遇到什么困难？"

晓梦心不在焉地说："就那样吧，没什么特别的。"

妈妈走到晓梦身边坐下，有些担忧地说："你最近几次考试的分数不太理想。现在距离中考只剩一百多天了，你怎么还不把心思都用在学习上？"

晓梦烦躁地说："我已经努力学习了，我这几次只是有些粗心而已。"

妈妈激动地说："你哪次不是这么说的？我看你不是粗心，你是没把心思用在学习上。"

晓梦委屈地说："这只是你自己认为的！"

妈妈生气地说："晓梦，妈妈唠叨这些也是为你好啊。现在社会竞争这么激烈，你要是考不上好高中，考不上大学，那可怎么办啊？"

晓梦烦躁地说："考不上大学，人生就失败了吗？你们说这些话只会让我压力很大。"

妈妈脸色一变："那你说说，妈妈哪句话说得不对？"

心灵独白

1. 孩子的心灵独白

我知道妈妈是为我好，但每次一聊学习，我就控制不住地烦躁。其实我早就不是那个不懂事的小孩了，我知道妈妈担心我未来找不到好工作。可今天妈妈开口就问学习，我刚回答完，那些听过无数遍的道理就又来了。刚才我态度不好，真对不起妈妈。但我真的希望妈妈能听听我的想法，而不是一直把她的想法强加给我。我后面会好好努力学习，也希望妈妈换个方式和我沟通。

2. 妈妈的心灵独白

我希望晓梦努力学习，不是为了要跟别人比成绩，而是想让她将来拥有选择工作的权利。我为什么得不到她的理解呢？

教育故事

第二天，晓梦妈妈走进了王老师的办公室。

晓梦妈妈说："王老师，您好！昨天，我与晓梦进行了一场交流，结果演变成了一次争吵，她嫌我烦。可是我是为了她好啊，麻烦王老师为我解惑。"

王老师说："晓梦是个很乖的孩子，但成绩一直不太理想。我注意到她在课堂上不太主动，作业也经常出错。我想了解一下，她在家里的学习情况怎么样？"

晓梦妈妈说："老师，她在家的学习状态也不好，我也很着急。

我天天在她耳边唠叨，让她努力学习，可她就是不听。每次考试成绩出来，我都得好好'教育'她一番，可还是没什么作用。"

王老师说："我能理解您的心情，但有时候，孩子可能非常讨厌说教。她是个很内向的孩子，心里肯定也很焦虑，只是不知道该怎么表达。您有没有想过，和她多沟通一下，听听她的想法呢？"

晓梦妈妈说："您是说，不要总是说教？"

老师微微一笑："是的。有时候，她需要的不是大道理，而是理解和支持。您可以试着问问她学习中遇到的困难，而不要说'不努力就没有好未来'这样的话。"

晓梦妈妈说："王老师，您说得对。我可能太着急了，总是用那些老生常谈的话来教育她，却没有真正了解她的想法。我以后会注意的。"

老师接着说："其实，她在课堂上也有一些闪光点。比如，上次讲几何题的时候，她的思路就很独特，只是她自己没有信心表达出来。如果家长和老师都能多鼓励她，给她一些信心，我相信她会有进步的。"

晓梦妈妈听了之后，眼睛亮了起来："王老师，那您看我该怎么做呢？"

王老师想了想，说："您可以先从倾听开始。比如，当她考试没考好时，不要立刻批评她，而是先问她'这次考试你觉得哪里没做好？有没有遇到什么困难？'然后根据她的回答，一起想办法解决。同时，您也可以多鼓励她。"

晓梦妈妈点了点头："好的，王老师，我会试试的。谢谢您的建议。"

专家指导

父母总爱说教孩子，这背后其实是爱的表达。但爱需要讲究方式，过多的说教会让孩子感到疲惫。毕竟孩子的理解能力有限，父母这份婉转深沉的爱意，他们未必能全然领会。

在交流中，父母要学会倾听孩子的意见和想法。当发现自己想要开始说教时，先深呼吸，然后问孩子："你对这个事情有什么看法？"这样可以把话语权交给孩子，避免自己单方面的长篇大论，真正用心去理解孩子的观点，不要急于反驳或者补充。

在交流中，父母还要考虑孩子的情绪和状态是否适合自己发表意见。如果孩子正在忙或者情绪不好，很可能不是一个好的沟通时机。例如，当家长看到孩子满脸疲惫时，不要急于批评他在学校的表现，可以先关心他累不累。

父母感觉自己快要开始说教时，可以尝试使用一些调节情绪的技巧。比如深呼吸，先慢慢地吸气，让空气充满腹部，然后再缓缓地呼气，重复几次，这样可以帮助自己平静下来，减少因情绪激动而出现过度说教孩子的情况。

父母要认识到孩子有自己的做事节奏和方式，不要总是试图让孩子按照自己的想法去做，要多理解和支持孩子的想法。

妈妈，请给我一点爱好的时间 10

妈妈和俊浩正在吃晚饭。

俊浩说："妈妈，学校组织手工制作大赛，我特别想参加！班里同学都参加了。"

妈妈说："这些课外活动能提高你的成绩吗？"

俊浩说："我对做手工很感兴趣，况且做手工能提高我的动手能力，还能增进我和同学之间的关系。"

妈妈说："你做手工的时间不如用来多做几道数学题、多背几个单词，成绩好了比什么都重要。"

俊浩立马说："妈妈，我真的很想参加，我保证不会影响我的成绩。"

妈妈立马反驳："我说不行就是不行，搞好人际关系和做手工有那么重要吗？"

俊浩生气地说："你就知道让我学习！我的事情以后不用你管。"

妈妈心里想：这孩子还是不明白我的良苦用心啊！

心灵独白

1. 孩子的心灵独白

我真的很想去参加那个手工制作大赛！我对手工的热爱，为什么妈妈就不明白呢？我知道妈妈是为我好，可每次提到学习以外的事，她总是说"成绩最重要"。这份期望压得我喘不过气来。对我来说，做手工不仅能锻炼动手能力，还能激发创造力，它真的很重要！我向妈妈保证不会耽误学习，可妈妈还是不同意。难道在妈妈眼里，我只能做个埋头学习的机器吗？我也有自己的爱好和梦想，多希望妈妈能理解我、支持我。每次和妈妈争吵，最后总是不欢而散，留下的只有彼此的伤害和失望。有时候，我甚至难过得想逃离。可冷静下来，我又多么希望能和妈妈好好沟通，让妈妈知道我的想法。

2. 妈妈的心灵独白

这孩子怎么就不明白我的良苦用心呢？现在社会竞争这么激烈，没有好成绩将来怎么立足社会？未来的职场竞争只会更加残酷，我对他的学习要求严格，不都是为了他的前途着想吗？有时候我也在反思：是不是我的沟通方式有问题？为什么他不能理解我的担忧？我多希望能真正了解他的想法。也许我们都该冷静下来，好好谈一谈，而不是让误解继续伤害我们之间的感情。

教育故事

俊浩的手机响了，老师打电话让俊浩尽快提交报名申请。俊浩忍着泪水告诉老师："老师，我不报名了。"老师说："你怎么了，这次的比赛你不是期待好久了吗？怎么又想要放弃了？"俊浩说："我告诉了妈妈，她不同意，妈妈为什么就是不理解我呢？我满心欢喜地跟她分享想要参加手工大赛的事，换来的只有拒绝，在她的眼中，学习成绩就是一切。"老师安慰俊浩说："俊浩，或许你的妈妈并不是不理解你，只是被情绪冲昏了头脑，倘若你想去参加，应该与你的妈妈好好聊聊。"俊浩说："谢谢老师，我明白了。"

老师又给俊浩妈妈打了电话，说："您好，我是负责这次手工制作活动的老师，我听孩子说您不想让孩子参加这次活动，但孩子对这次活动期待了很久，也准备了很久。"

俊浩妈妈说："如今的社会竞争十分激烈，周围的孩子都在拼命学习，分数才是他们上好学校的敲门砖。"

老师说："孩子参加手工制作不仅能锻炼动手能力还能培养创造思维和解决问题的能力，对孩子学习也有促进作用。现在的教育更注重综合能力的培养，让孩子全面发展，比单纯追求成绩更重要。孩子的学习压力比较大，手工活动能让他放松身心，反而能提高学习效率。兴趣是最好的老师，孩子对手工感兴趣，说明他在这方面有潜力，如果你能支持他参加，可以增强他的自信，让他更加积极主动地学习。压抑孩子的兴趣可能会让他变得消极，甚至影响亲子的关系。"

俊浩妈妈说："好的，老师。我同意他参加。"

电话挂断后，妈妈轻轻推开俊浩的房门。妈妈温柔地说："俊浩，你去参加这次比赛吧。无论发生什么事，请记住，爸爸妈妈永远爱你。"

专家指导

随着社会的发展和变化，人们的思想观念也随之发生变化，父母与孩子之间存在思想观念和价值观念的差异是引起亲子矛盾的主要原因之一。因此，父母要加快学习的步伐，否则无法处理好亲子关系。上述情境故事中的俊浩妈妈要好好反思，紧跟时代的发展，要引导孩子处理好爱好与学习的关系。下面是一些如何处理好爱好与学习关系的建议。

1. 沟通是关键

孩子可以找一个合适的时间，和家人坐下来，心平气和地分享自己的爱好。例如，孩子可以说："爸爸妈妈，我真的很喜欢绘画，它是我生活中很重要的一部分，能让我感到快乐。"同时，孩子也要认真倾听父母的担忧。如果父母认为学习应放在第一位，孩子可以这样回应："我知道你们关心我的学习，我也很重视成绩。但请放心，我会合理安排时间，不让爱好影响学业。"

2. 合理安排时间

想要平衡学习与爱好，关键在于制订合理的计划并灵活调整。首先，孩子应为自己列一个详细的学习任务表，按照轻重缓急排序，比如先复习知识点，再完成当天作业，最后预习新课。当父母看到孩子高效完成学习任务后，自然会更支持他们发展爱好。其实，有些爱好可以利用零碎时间进行。比如，喜欢听音乐，上下学路上戴着耳机就能享受；爱写日记，课间十分钟就能完成；喜欢运动，课间拉伸几分钟也能放松身心。孩子可以和父母聊聊这些见缝插针的安排，他们会发现原来爱好不需要浪费学习时间。还有很多爱好对学习有间接帮助，比如参加辩论赛能锻炼口才，弹钢琴获得的证书还能为升学加分。

当遇到考试周或重要测验时，孩子可以主动减少培养爱好的时间，先把精力集中在复习上。孩子要用行动证明学习和爱好可以同时兼顾，比单纯争论更有说服力。当父母看到孩子既能按时完成作业，又能在钢琴比赛获奖时，他们自然会理解：这些让孩子眼睛发亮的爱好，正是让孩子保持学习动力的秘密。

第三篇
教师工作反思篇

教师应对家长的策略

1

　　学校九年级（13）班学生宁航的父母离异，他跟着妈妈生活。正值青春叛逆期的他频繁出现打架、逃课、顶撞老师等违纪行为，似乎总要通过制造事端来获取存在感。他的班主任是位严谨负责的老教师，面对这种情况既痛心又无奈，曾多次联系宁航妈妈沟通。起初，宁航妈妈态度尚好，承诺会配合管教，但后来态度急转直下，甚至直接向年级主任投诉，指责班主任对孩子有偏见，强烈要求更换班主任。事实上，宁航在校表现有目共睹，班主任的反馈并无夸大。但宁航妈妈始终拒绝正视问题，反而联合孩子向老师施压，试图让老师降低管理标准。她坚持只要孩子在学校就行，其他都是小事，并明确表示今后若非大事不必联系她。

　　九年级（5）班女生李成言在订阅报刊时，特别想订《中学生报》。她回家和父亲商量，却遭到强烈反对。她父亲怒气冲冲地打电话给班主任，厉声质问："你跟孩子说什么了？她非要花钱买这些没用的书！她上完初中就出去打工了，订这些书干什么？"班主任感到十分无奈，明明不是老师的问题，家长却不由分说就把老师训斥一顿。

这些情况让老师们感到深深的无力。他们明明一心为了学生，却在教育路上处处碰壁。每当他们想拉孩子一把，总有一双无形的手在反向拉扯。

专家分析

不同家庭的教育理念存在显著差异。以宁航母亲为例，作为单亲母亲和职业女性，她更倾向于将事业成就与孩子当下的快乐置于首位，而对系统性教育的重视程度相对不足。

而李成言的父亲认为，女孩子只要初中毕业就行，应赶紧回家帮忙干活，不应谈兴趣和爱好。教师在与这类家长沟通时，存在明显的理念差异：教师期待学生全面发展，而家长或只关注成绩，或因客观条件限制无暇顾及孩子的学习。

专家建议

1. 提升沟通技巧

教师需要学习有效的沟通技巧，比如积极倾听。当与宁航妈妈沟通时，教师可以先真诚地理解她的处境："您一个人带孩子很不容易，我明白您的难处。"然后再一起商量教育方法："我们看看怎么既能让孩子好好学习，又能减轻您的压力。"

2. 深入了解家庭背景

教师应深入了解学生的家庭背景，例如，对于李成言的家庭，教师可以主动约谈他的父亲，以诚恳的态度交流，引导他认识到教育对孩子未来发展的重要性。

3. 宣传家校共育理念

教师要向家长宣传家校共育的理念，通过家长会、家长学校等形式，让家长明白家庭和学校在孩子教育过程中各自的责任和重要性。例如，教师可以列举成功的家校共育案例，让家长直观地感受到这种合作模式对孩子成长的积极影响。

教师的成长

1. 心态的调整

面对复杂的家长群体，教师首先需调整好心态。以李老师为例，经过一段时间的磨砺，他不再因家长的不理解以及提出的不合理要求而感到愤怒或沮丧，而是以更为平和的心态去面对。他深刻认识到，每位家长都有自身的局限性，而自己的工作就是尽可能地发挥引导与协调作用。

2. 专业能力的提升

教师应主动学习教育心理学、家庭社会学等相关知识，通过参加专业培训、阅读专业书籍，提升对不同家庭类型以及家长心理特征的认知与理解能力。

3. 组织协调能力的增强

教师要意识到，仅凭自身力量难以应对所有家长问题，可以组织班级家长委员会，邀请部分较为理性、积极的家长参与班级管理和家校沟通工作。通过家长委员会的协调作用，一些家长之间的矛盾得以化解。同时，家长委员会也为教师与家长之间的沟通搭建了更优质的平台。

4. 教育策略的改进

基于专家建议以及自身的成长经验，教师对自身的教育策略进行了改进。他们不再仅仅聚焦于学生在学校的表现，而是携手家长共同为孩子制订个性化的教育方案。

尽管学生家长群体的复杂性可能会使教师产生无力感，但在专家建议的指引以及自身成长的助力下，教师能够更从容地应对此类状况，构建起和谐的家校关系，进而为学生的成长营造更为有利的条件。

2 班主任的困惑

　　王老师是一名初二的班主任，在班级管理方面一向秉持严格要求的原则。某学期，王老师留意到班级中有几名学生出现了学习态度不端正的问题，具体表现为上课走神、爱传纸条、考试成绩不理想。尤其是小磊同学，甚至出现了语文、数学、英语多次不及格的情况，这让王老师十分担忧。于是，王老师找小磊谈话，可小磊要么沉默不语，要么直接回应"我不想学了"，态度敷衍，不愿敞开心扉。王老师觉得必须与小磊的父母进行沟通。为了改变班级现状、提升学生的学习成绩，王老师决定召开一次家长会。

　　家长会上，王老师对班级整体情况进行了汇报，引用了大量数据，着重分析了各科目的成绩以及学生的课堂表现。针对几名学习成绩欠佳的学生，尤其是小磊，王老师客观指出他存在上课走神、作业应付了事且屡教不改等问题，并建议其父母加强对他的引导与监督。这样的做法虽引起了家长的关注，但实际反响未达预期。

小磊的父母在会上反馈，他们在家里已竭尽全力关注小磊的学习情况，期望能获得更多具有建设性的意见。会议结束后，不少家长对王老师的沟通方式表达了失望之情，认为他未能充分倾听家长的意见，在交流过程中也未顾及学生的情感因素。然而，王老师并未意识到问题的严重性，仅认为自己只是坦诚地表达了对学生的担忧。

专家分析

1. 沟通技巧的缺乏

王老师在家长会上采用了较为单向的沟通模式，过度聚焦于数据与成绩，却忽视了学生的情感需求。当他公开批评小磊时，未考虑到此举可能给学生及其家庭带来负面情绪影响，最终引发了家长的不满。

2. 缺乏对家长的理解

王老师未能深入了解每位家长的期望与担忧，他未给家长提供表达意见的机会。相较于单方面的信息传达，家校之间理应构建互动与合作的良好沟通。

3. 情感沟通的缺失

王老师在沟通环节过于侧重学业成绩，而对学生情感状态有所忽视。情感沟通是影响教育成效的关键要素。忽视这一点，会让家长觉得班主任对学生的关注不够全面，对学生发展的考量过于片面。

专家建议

1. 加强培训与学习

学校应定期组织班主任参加家校沟通的专业培训，学习有效的沟通技巧与方法，提升班主任的沟通能力。

2. 创建良好的沟通环境

班主任应提前与家长建立信任关系，可以通过微信群、电话等多种方式，随时保持联系，定期分享学生的成长动态和正面反馈，避免仅在出现问题时才联系。

3. 注重情感交流

班主任在与家长沟通时，应关注家长的情感需求，积极回应家长，尤其是在讨论学生问题时，要先肯定学生的优点，让家长感受到合作的意愿。

教师的成长

家长会并未达到预期效果，王老师困惑不已。不过，他善于自我反思，家长会后，王老师与有经验的优秀班主任一同复盘，意识到了自身存在的不足，并从多角度探寻解决之道。此后，王老师积极参加学校组织的班主任沟通技巧培训，学习如何运用积极倾听、情感共鸣等方法，与家长构建良好的关系。

每次开展家长会前，王老师都会提前收集家长的信息与反馈。在会议中，他为每位家长提供发言机会，让更多家长能够表达对孩子学习的看法以及对学校的期待。

除此之外，在与学生沟通交流时，王老师开始关注每个学生的性格、兴趣及家庭情况，以便能提供更具针对性的建议。同时，在与家长沟通时，他也学会了先肯定学生的优点再指出不足，这样既能让家长意识到问题，又不会打击学生的自尊心。

经过不断学习与实践，王老师逐渐摸索出与家长沟通的技巧，分享如下。

1. 倾听与理解

与家长交流时，教师要认真倾听，了解他们的想法，而不是单方面输出信息。教师可以用自己的话复述家长所说的内容，确保理解准确。

2. 注重情感表达

在沟通过程中，教师始终以平和的态度面对家长的建议和意见，让他们感到被重视。教师应多与家长分享孩子的日常学习生活，增强双方的情感联系。

3. 使用积极的沟通方式

教师与家长谈论学生的问题时，先肯定学生的优点，再提出改善建议。这种方法能缓解家长的紧张情绪。教师在交流中要多使用具体的例子和数据，让家长准确理解学生的学习状态和需要改进的地方。

4. 定期沟通

教师要定期与家长沟通，如每月一次，分享学生的学习情况，可以通过电话、邮件或家长微信群等方式保持联系。教师要适度组织家长会，分享教育理念和班级活动，让家长感受到他们在孩子教育中的重要性。

5. 共同解决问题

当发现学生问题时，教师与家长一同探讨解决方案，共商对策，增强家校合作。教师与家长要确保在学校和家庭中采取一致的方法来帮助学生改正缺点。

6. 利用现代工具

教师使用微信群或家校互动平台，及时分享学生的作业和活动信息，促进实时沟通。教师可以向家长推荐教育类网站，促进家长学习教育知识。

班主任与家长的有效沟通，犹如一座坚实的桥梁，不仅能加深师生之间、家校之间的相互理解，还能为学生营造一个健康、和谐的成长环境。通过不断提升班主任的沟通能力，强化家校之间的紧密联系，能够全方位、多角度地促进学生的发展。

家庭与学校齐心协力，学生才能在充满活力与关爱的氛围中茁壮成长。鉴于此，班主任在未来的工作中，应持续学习、不断精进沟通技巧，全力以赴推动家校合作迈向新的台阶。

3 初入职场，新教师忧心忡忡

　　李老师是一名刚步入工作岗位的中学英语教师。作为新教师，李老师充满激情，立志成为学生最喜欢的老师，用自己的所学竭尽所能地教育学生。然而，理想很丰满，现实很残酷，经过一学期的教学，李老师陷入深深的困惑中。

　　李老师负责的班级较多，每周需要教授 16 节英语课，并且还要参与各类教研活动和教学评估。在这种高强度的工作环境中，李老师除了花大量时间备课，以及每天马不停蹄地批改作业外，还需参加学校安排的各类培训和会议。随着期末考试的临近，李老师越来越焦虑，繁重的教学任务、班里学困生的问题，让李老师每天都处于焦头烂额的状态。一方面，她迫切地想让班里的学困生紧跟复习节奏；另一方面，她疲于应对期末各项业务检查、校领导推门听课、新教师汇报展示课等。尽管知道家校合作的重要性，但李老师因时间紧张常常将家校沟通的任务搁置。

在一次家长会中，李老师因会前准备时间不够，最终选择了简短的发言，未能与家长进行深入的交流。她的发言主要集中在学生的学业成绩上，几乎没有提到如何通过家校合作来促进学生的学习。家长在会后普遍反映，李老师的发言缺乏具体的建议。

由于缺乏有效的沟通，李老师与家长之间的关系逐渐疏远。许多家长在遇到问题时不再主动联系李老师，反而选择通过其他渠道寻求帮助。这种情况不仅影响了家校合作的效果，也使李老师产生挫败感。

专家点评

李老师的事件反映了新教师因工作压力大和时间紧张，难以深入开展家校合作的实际状况。在面对繁重工作时，新教师往往会将家校合作视为次要任务，致使与家长沟通不足。这种现象不仅影响了教师的教学效果，还对学生的学习和教师的发展产生了消极影响。

专家建议

为解决这一问题，学校管理层应关注教师的工作，合理安排任课教师的工作量，确保教师能够抽出时间与家长进行沟通。具体措施如下。

1. 减轻教师的工作压力

通过合理的课程安排和班级管理，减轻教师的工作压力，使其有更多的时间与家长沟通。

2. 提供培训支持

学校为教师提供关于家校合作的培训，帮助他们提升沟通能力，理解家校合作的重要性。

3. 建立有效的沟通机制

学校可以通过定期的家长会、家长微信群等方式，促进教师与家长之间的互动，增加家校合作的机会。

4. 组织丰富的活动

学校通过组织丰富多样的活动，鼓励家长积极参与学校的各类事务，增强家校之间的联系。

通过以上措施，可以有效提升教师对家校合作的重视程度，促进教师与家长之间的沟通与合作，从而更好地支持学生的全面发展。

教师的成长

当再次与李老师交谈时，之前那个愁容满面、迷茫又焦灼的李老师早已变了模样。再谈起自己的教学体验时，她虽依旧有新的困惑，但与家长的关系越来越和谐了。

李老师很坦诚地谈起学校以及她自己的变化。首先，学校管理层深入了解了李老师这一群新入职教师的困惑与压力。在教学工作上，学校采用优秀教师帮扶新教师的策略，让李老师能够迅速把握教学的核心要点，精准备课，快速成长。同时，考虑到新教师的教学压力，学校精简了不必要的培训，对各项培训活动加以精选，让新教师参加真正实用的培训。其次，李老师个人也发生了变化，她开始非常重视家校合作，开始尝试从家长的角度思考，给予家长切实可行的方法指导。为此，李老师分享了以下做法。

1. 建立沟通渠道

李老师建立了一个学困生家长微信群，旨在为与家长的交流搭建便捷平台。在群内，她定期发布学校通知、班级动态以及学习资源，积极鼓励学困生家长参与讨论。

2. 有目标性的定期家访

为全面、深入地了解学生的家庭环境与个性特点，李老师积极开展多次家访活动。在家访过程中，她不仅与家长细致交流学生在课堂上的具体表现，还主动询问家长对孩子教育的期望以及相关建议。通过这些真诚的互动，让家长切实感受到教师对孩子成长的关心。

3. 高效利用家长开放日

为进一步强化家校合育机制，学校精心策划并推行了每周二的家长开放日活动。李老师积极参与活动，主动邀请家长走进校园，让家长现场观摩课堂教学。在活动期间，家长亲身感受课堂的真实氛围，与李老师共同探讨如何在家中为孩子提供有效的学习支持。这一创新举措显著提高了家长的参与热情与责任意识，为家校共育注入了新的活力。

4. 共同制订学习计划

在家访及日常与家长的交流过程中，李老师敏锐察觉到部分学生在课外学习方面面临诸多困难。基于此，她主动和家长一起为孩子制订个性化学习计划，旨在构建家校协同育人的强大合力。李老师充分发挥自身专业优势，为学生提供丰富多样的学习资源和精准有效的学习指导，同时积极鼓励家长切实履行监督职责，给予孩子全方位的支持。

5. 定期总结反馈

李老师一改以往对家长会的抵触态度，转而定期主动组织家长会。在家长会上，她全面且细致地反馈学生的学习情况，坦诚剖析学生存在的问题，同时认真倾听家长的意见与建议。这种双向互动模式成效显著，不仅加深了家长对教学工作的理解，还为李老师自身的专业成长提供了宝贵契机。

4 温暖的师生情带来的转变

学校九年级（2）班有一个叫王鹏程的男生，他的行为举止颇为叛逆。他染着头发，时常叼着烟，一副对上学毫无兴趣的模样。令人意外的是，就是这样一个看似吊儿郎当的学生，学习成绩却十分出众，竟能排到班级前20名。班主任陈老师深知，王鹏程头脑聪明，只是缺乏学习的动力和正确的引导。为了帮助王鹏程走上正轨，陈老师多次进行家访。然而，他发现王鹏程的家长因工作繁忙，对孩子疏于管教。于是，每当王鹏程出现问题，陈老师总是尽量自己想办法解决，尽量不向家长"告状"。

有一次课间操时间，王鹏程没有到操场集合，被陈老师逮个正着。王鹏程不仅没有丝毫悔意，反而态度恶劣，嚣张地叫嚷道："我妈都管不了我，你凭什么管我？我想怎样就怎样！"陈老师被王鹏程的话气得不轻，但他并没有就此放弃。他摆出一副不达目的誓不罢休的架势，决心要和王鹏程"死磕"到底。陈老师耐心地对王鹏程晓之以理、动之以情，从学习的重要性谈到未来的规划，从家庭的期望讲到社会的责任。这场"较量"持续了整整两个小时，王鹏程的眼神中依然透露出不服气。由于错过了午餐时间，王鹏程早已饥肠辘辘。就在他满心委屈和无奈的时候，陈老师从校外买来了一个热气腾腾的饭团，轻轻地递到了他手里。王鹏程接过饭团，心中五味杂陈。那一刻，他才真切地感受到老师对他那最真挚的关心，也意识到自己之前的自私和任性。他含着眼泪，默默地吃完了饭团。

后来有一天，陈老师满脸欣慰地说："从那次以后，再也听不到王鹏程说不想上学了。他现在老老实实地待在教室里学习，不像以前那样四处乱跑了。"

专家分析

1. 良好的师生关系对教育的重要性

在这个故事里，陈老师和王同学建立起了一种良好的师生关系。这种关系的建立，源于老师对学生的尊重、理解与关注。对于王鹏程这样缺乏有效管理的学生而言，老师的关注就如同一束光，照亮了他原本黑暗的生活。

良好的师生关系能够增强学生的自信心。在良好的师生关系中，学生能真切感受到自己是被认可和重视的，这种积极的情感体验会激励他们更加勇敢地面对挑战。

2. 良好的师生关系对教育成果的积极影响

从教育成果的维度来看，良好的师生关系有力地推动了王鹏程的全面发展。传统教育模式常常过度聚焦于学生的学业成绩，却对学生的心理需求有所忽视。然而，当建立起融洽的师生关系后，学生的学习动力就会被充分激发。王鹏程为了不辜负老师的信任，努力学习，这正是内在动力在发挥作用。这种因良好师生关系所催生的内在动力，相较于外在压力（如家长的逼迫、学校的奖惩制度），具有更为持久和显著的效果。

3.关系的双向性

良好的师生关系本质上是双向奔赴的。在这一过程中，陈老师同样收获了满满的回报。当目睹王鹏程发生显著转变时，他深刻体会到了教育工作的价值与意义。这种双向的积极互动宛如稳固的基石，会进一步巩固并深化师生关系，从而形成一个良性循环。在教育实践中，教师的成就感与学生的成长是相辅相成、缺一不可的。

专家建议

如何建立良好的师生关系？

（一）有好老师才有良好的师生关系

李镇西老师认为，一名好老师应当具备会上课、会带班、会开发课程以及会转化后进生等多方面的能力。在家长眼中，孩子认可、能够关注孩子成长、助力孩子学科成绩提升的老师就是好老师。从学校层面来看，教学成绩优异且在师生关系、家师关系、同事关系方面都处理得当的老师，便是好老师。

在学生眼中，好老师具备以下特点：① 有趣、温柔、幽默、乐观、和善；② 关爱每一名学生，不歧视学生，尊重所有学生；③ 讲课仔细、认真；④ 拥有渊博的知识，教学经验丰富；⑤ 不打骂学生，不随意叫家长；⑥ 作业布置适量；⑦ 不拖堂、不占课，合理安排教学与休息时间；⑧ 好好备课、上课，认真负责；⑨ 说话讲诚信；⑩ 对学生提出的问题耐心解答，对学生一视同仁。

老师若能切实做好上述诸多方面，无疑会成为一名优秀的老师，并且极有可能与孩子、家长建立起融洽和谐的关系。

（二）老师投入积极的情感才有良好的师生关系

教育，无疑是一项洋溢着情感的事业。老师需对学生投入积极的情感，不仅要关心他们的生活点滴、学习进展，更要关注他们的心理健康。这种情感投入绝非表面的嘘寒问暖，而是源自内心深处的关爱。当学生真切感受到老师的这份爱时，他们便会更加主动地接受教师的教育，与老师建立起深厚而真挚的感情。

教师的成长

1. 教育理念的转变

教师在经历通过建立良好的师生关系推动教育成果提升的事件后，常常会对自身的教育理念进行反思与调整。他们逐渐从单纯聚焦于知识传授，转变为更加关注学生的全面发展，深刻认识到学生的心理需求与情感体验在教育进程中占据着举足轻重的地位。这种教育理念的转变，不仅有助于营造更加积极、和谐的学习氛围，还能更好地激发学生的学习动力和潜能，促进学生在知识、技能、情感等多个维度实现全面发展。

2. 教学方法的改进

学校推行"精准自学—问题互学—小组展学—全员测学"的学本课堂流程，小组展示是有效的学习驱动方式，是学生独学、互学基础上的深度学习。同时，学校推行"以测代学—反馈促学—评价助学"的学本教学流程。学本课堂提高了学生对知识的应用、分析能力，注重合作学习和探究学习。这些学习方式有助于增进师生之间的关系。

3. 职业幸福感的提升

当教师与学生建立起良好的关系，并亲眼见证学生的成长时，会收获强烈的职业幸福感。这种幸福感会激励教师不断成长与进步。与学生的良好关系是教师职业发展的动力源泉，让教师更加热爱自己的工作，愿意投入更多的时间和精力去探索更优质的教育方法，从而提升自身的教育水平。

在教育领域，良好的师生关系是优质教育的基础。教师应不断学习与实践，遵循专家建议，在教育过程中积极建立良好的师生关系，从而实现真正意义上的优质教育。

第四篇
学校工作篇

1 家校社协同育人机制研究与实践

一、问题的提出

（一）问题提出的背景

党的十八大以来，以"立德树人"为根本任务的教育目标成为各类学校的核心追求。习近平总书记多次强调家校协同对于落实立德树人的重要意义，并指出只有形成学校、家庭、社会三位一体的教育合力，才能更好地培养出担当民族复兴大任的时代新人。党的二十大报告进一步要求"健全学校家庭社会育人机制"，凸显了家校共育在新时代教育体系建设中的战略地位。

在这一时代背景下，临沂第二十九中学借助国家层面对家校社协同育人的高度重视，率先探索家长学校课程化、社会资源整合化、育人模式多元化。学校通过与家长共同承担育人责任、设计多渠道亲子互动活动，在学生综合素质提升等方面取得了显著成效。这些实践正是对党的二十大报告提出的"培养担当民族复兴大任的时代新人"要求的具体回应，也为未来在农村中学开展家校社协同育人模式提供了宝贵经验。

（二）主要的问题

1.家校理念差异影响教育协同

学校倡导全面发展、以学生发展为中心的教育理念，而大多数家长对素质教育、心理健康等现代教育理念的认同度不高。这种价值取向的不一致性影响了家校协同育人的实施效果，也为"教联体"建设带来了挑战。因此，家校间如何构建共同的教育理念，成为农村中学推进家校共育所面临的重要问题。

2. 家校共育互动形式单一

在推动家校合作的过程中，农村中学普遍面临资源匮乏、家长教育理念相对落后等现实难题。现有的家校互动形式主要包括家长会、教师与家长简短沟通等。学校缺乏系统的资源和科学的评价机制，导致家长参与度不高、学校推进动力不足、教师实践困难。为突破这些瓶颈，学校开始注重内部和外部的资源建设，通过整合教师、家长、社会机构等多方力量，探索"人人主讲"的创新模式。该模式不仅让更多主体参与课程设计、教学活动和家庭教育，也为有效弥补传统育人资源不足、深化家校融合提供了可行路径，从而进一步丰富了农村中学家校协同育人方式的内涵。

3. 家校共育工作缺乏必要的监督与评价体系

在家校共育实践中，监督和评价体系的缺失已经成为一个突出问题。目前，由于缺乏明确而科学的评价标准，家长和学校对评价目标和内容的理解存在较大差异，难以形成统一的评价思路。同时，家校共育过程中也没有建立起有效的监督渠道和保障机制，使得很多工作无法得到真实记录和及时改进。

更值得关注的是，在现有的评价体系中，家长、教师、学生等主体的参与度普遍较低，导致评价结果缺乏全面性和公平性。即便获得了一些评价结果，也往往流于形式，没有转化为具体可行的改进方案，影响了家校共育工作的持续发展。此外，信息技术支持的不足，也导致评价效率低下、数据管理混乱、反馈滞后等问题频频出现。

在这一背景下，如何落实"教联体"建设要求，创新家校社协同育人机制，充分发挥好家庭教育的基础性作用，成为摆在学校面前的紧迫课题。基于此，学校积极响应国家政策号召，立足农村中学实际，开展了一系列创新实践，旨在探索符合新时代要求的家校社协同育人新模式。

二、解决问题的过程及方法

（一）关爱寻访，走向家庭（2017年2月—2020年8月）

在家校共育的初始阶段，学校与家庭沟通主要依靠教师的家访。最初，学校安排班主任开展常规家访，班主任携带学生在校表现记录和成绩分析单，与家长面对面沟通，了解学生的家庭环境和成长背景。这种以班主任为主体的家访模式虽然建立起了初步的家校联系，但由于班主任精力有限，往往难以深入走访每个家庭。

为了扩大家访覆盖面并提升育人效果，学校逐步探索并确立了全员育人导师制。在这一制度下，学校动员全校教师担任育人导师，每位教师负责走访8~12个家庭。育人导师需定期走访对接家庭，建立起更稳定的联系纽带，既关注学生的学习情况，也注重其心理健康情况。

然而，即便学校建立了全员导师制，这种模式仍存在诸多局限：家长大多处于被动接受状态，缺乏主动性；教师的家访过程缺乏系统化的资源与指导，难以有效传递现代教育理念；家校互动深度不足。此时，由于尚未系统引入家庭教育课程，学校只能通过简易的宣传资料帮助家长了解部分教育理念。

这一阶段，虽然家访在帮助学困生方面取得一定效果，但家校合作体系仍未成熟。不过，通过全员育人导师制的实践，教师在持续的家访过程中逐步形成了对家长教育需求的深入认知，收集了大量一手资料和典型案例，为后续的家校合作奠定了实践基础。同时，全员育人导师制的推行也促使学校开始思考如何将分散的家访经验转化为可持续的家校互动机制，为未来家校共育模式的创新提供了重要启示。

（二）开放融通，请进校园（2020 年 9 月—2021 年 8 月）

在"请进校园"阶段，学校从单向的家访模式逐步转向邀请家长参与校园活动，推动家校共育走向互动发展。学校通过开放式家长会、开放课堂和优秀家长分享经验等形式，为家长提供直观了解校园生态与教育教学的机会，家校互动的频次明显增加。学校初步尝试了"价值同向"的实践，通过家长会加入教育理念宣讲和育子心得座谈，逐渐帮助家长认识到家庭教育的重要性。这些举措虽然尚未形成分年级、分层次的系统化课程体系，却为后续科学化家庭教育课程的开发打下了基础。

在"课程共创"方面，学校开始邀请优秀家长作为分享嘉宾走上讲台，带动家长与家长之间的学习交流。同时，学校通过开放课堂的形式让家长观摩教学，帮助家长更深入地了解教师的管理方法与育人目标。然而，由于家长工作的时间限制、理念差异等因素，家长参与程度参差不齐，既定活动模式仍偏单一，且缺乏足够的覆盖面与针对性。

在评价反馈上，这一阶段仍处于起步阶段。学校通过问卷调查、家长会中的口头回访等方式，零散地收集家长的需求，但尚未建立起第三方评价机制和数据化评估体系，难以对家校共育的实际成效进行全面记录和分析。不过，学校内部已开始增加对家校合作的反思讨论，教师逐步意识到家庭教育的重要性，并尝试探讨如何组织更具有吸引力的活动。

总体而言，这一阶段实现了家校沟通方式从"教师上门"到"家长进校"的拓展，互动频次增加，家长对教育理念和方法的关注有所增加。

（三）多元共创，家校互动（2021 年 9 月—2023 年 2 月）

在"家校互动"阶段，学校在前期探索基础上，针对家校协作中的问题，通过系统化、多元化设计，推动家校共育迈入更深层次的发展。首先，学校确立了"价值同向"目标，以家庭教育课程为家校共育的核心抓手，邀请家庭教育专家面向家长开展专家通识课程，围绕"关系重于教育、身教重于言教、成长重于成绩"等理念，构建初一侧重适应与陪伴、初二关注叛逆与独立、初三缓解升学压力的分年级家庭教育体系，帮助家长更新科学的育儿观念。同时，学校为教师同步开展心理辅导与家校沟通技能培训，更好地帮助家长。

在"课程共创"方面，学校积极构建多元化课程体系，创造多项家长与学校深层互动的教育实践。通过开展"跟进体验课程"，邀请家长亲身参与课堂教学，推动家长从体验中领悟科学育儿理念；通过"研讨沙龙课程"，组织家长聚焦常见育儿难题，由心理教师全程引导，共同讨论并形成解决策略，同时建立问题反馈闭环，动态调整课程内容；通过"家长讲师课程"，选拔优秀家长担任讲师，分享育儿经验，拉近家长之间的距离。与此同时，学校开始设计学生心语课程，通过如"心事说给你听"活动初步尝试倾听学生的情感需求与成长诉求，逐步让学生在家校互动中获得更多话语权。

此外，在"成效共评"方面，学校首次试点引入家校合育联盟等第三方机构，通过问卷、访谈和行为记录等方式对家庭教育课程的实施效果展开多维度评价，尝试从家长观念的转变、学生成长的表现以及教师的反馈中提取数据进行整理分析，并在家长会、教师例会中公开讨论，为构建系统的评价反馈机制奠定了基础。

这一阶段，家校之间的教育观念逐渐达成一致，教师的指导能力和家长的科学育儿意识均有显著提升。

（四）人人主讲，互育共生（2023 年 3 月至今）

在"人人主讲，互育共生"阶段，学校在前期探索基础上进一步深化家校协同育人，聚焦学生主体地位的确立、家校行为成效科学化评估以及社会资源的引入，以推动家庭、学校与社会从"理念同步"走向"行动合力"，构建更加完整与开放的育人生态。针对家校合作过程中学生成长动力仍需进一步激发的问题，学校持续打造以"关系重于教育"为核心的家庭教育课程，分学段满足家长和教师的差异化需求。例如，初一的专家通识课程注重帮助家长构建健康的亲子关系，初二的专家通识课程聚焦解决叛逆期的亲子矛盾，初三的专家通识课程则注重帮助家长缓解焦虑。同时，课程中要加入更多心理健康与家庭互动的元素，逐步引导家长将注意力从学习成绩转向孩子的身心健康和综合发展。

在课程共创方面，学校创新设计并全面升级了一系列活动，带动了家长、学生、教师及社会等多方的深度参与，真正践行"人人主讲"的理念。学校开展以"倾听心声，温暖陪伴"为主题的学生心语课程，为学生设立"心事说给你听""与父母对话""感恩与成长"等活动专区，充分利用家书朗读、角色互换等形式，鼓励学生表达情感与诉求。与此同时，学校开展了"家长讲师课程"与"跟进体验课程"，挖掘优秀家长的典型经验。学校还积极引入社会教育机构、社区志愿者和公益组织，将校园教育与社会资源联动，助力家校社育人成效的提升。此外，心理教师、骨干教师与家长代表、学生代表共同组成设计团队，不断丰富课程形式和活动内容，从而真正实现由"学校主导"向"各主体协同共创"的转变。

评价机制的科学化也成为这一阶段的重点探索方向。学校进一步加深与家校合育联盟等第三方机构的合作，运用心理健康筛查、学习习惯评价、访谈调研等专业化工具，围绕家庭教育课程、学生综合表现、家校活动成果进行立体式评估。从家长、学生、教师的多维度反馈中归纳实际成效，并通过家长会、教师例会等场景共享评估数据，形成全流程公开透明的运营模式。同时，学校建立了问题解决闭环机制，将评估数据中发现的不足及时反馈给团队，通过调整课程内容、改进活动设计等方式快速响应家校双方的需求。

经过此阶段的努力，学校、家庭与社会三方实现了从"理念同步"到"行动合力"的飞跃，家校社协同育人的成效逐步显现：学生在课程和活动中成为积极表达自我的主体；家长通过学习逐渐成长为学校的教育伙伴，主动承担起育人责任，并在家校互动中获得更多实践机会；教师则通过参与多元活动，在反思与协作中不断提升家庭教育指导能力。此外，社会资源的引入进一步丰富了课程内容，拓宽了学生的视野。

三、成果的主要内容

1. 家校合作的实践体系与运行机制

学校基于"教联体"工作方案的政策要求，率先成立了家校社协同育人领导小组，建立家长学校运作平台，并明确家长委员会、年级组、社会公益组织等在组织架构中的角色定位。

（1）学校层面。学校对家校共育进行整体规划，每学期制定家校共育目标和实施方案；教务处、政教处分别负责把关教学计划与学生德育活动；年级组与班主任负责日常家校联系。

（2）家长层面。家长委员会定期召开会议，承担调研、参与课程设计、监督评估等职能，并积极联络社区资源，为课程和活动的开展提供支持。

（3）社会层面。学校主动与第三方家校合育联盟、社会公益组织等外部资源建立常态化联系，按照"需求对接—项目承办—活动跟进—效果评价"的流程进行协同运作。

2. 课程体系的设计与实施

为满足不同年级学生以及多元家庭在教育观念与实践上的需求，学校设计并完善了由五大课程构成的家校共育课程体系，即"专家通识课程""家长讲师课程""学生心语课程""跟进体验课程""研讨沙龙课程"。

（1）专家通识课程。课程聚焦家庭教育理论基础与实践要点，由教育专家、心理学专家等团队组织开展，适合家长、教师共同参与。

（2）家长讲师课程。学校邀请具有丰富家庭教育经验的家长走进课堂，向其他家长分享家庭教育中的心得。

（3）学生心语课程。课程以班会或小组活动的形式让学生表达成长烦恼、家庭沟通问题等。通过同伴互助与教师或家长的引导，增强学生自我认知和心理调适能力。

（4）跟进体验课程。课程基于家长与学生的共同体验活动，如亲子阅读、职业体验，突出"做中学，学中做"的理念。

（5）研讨沙龙课程。学校定期举办开放性研讨会，研讨内容涵盖典型教育案例分享、专业技能训练、疑难问题咨询等，确保教师、家长、社会资源方能够深度互动。

在实施过程中，不同年级的课程主题逐级递进：七年级课程重点关注亲子沟通与角色适应，八年级课程重点关注青春期叛逆与独立成长，九年级课程聚焦学业备考与生涯规划。这种分层次、循序渐进的体系，展现了家校深度合作的持续性和针对性。

3. "人人主讲，全员参与"育人氛围的形成

在"传统家校互动"向"深度家校融合"过渡的过程中，学校明确提出"人人主讲"理念，将家长、教师、学生都视为具有教育影响力的主体，尽可能放大每位成员的能动作用。

通过家长日记、成长日记和教育日记三类写作实践，让家长、学生、教师定期记录自己的心得。日记内容可在班级分享或研讨沙龙中展示，发挥双向沟通和情感纽带的作用。

家长不仅仅是旁听者，还积极参与课堂讨论、研讨沙龙以及各类线上、线下培训；学生则通过分享会、主题班会主动表达意见与需求，以此打破师生、家长与孩子间的沟通壁垒。

一位曾经与孩子沟通出现严重冲突的家长，通过写家长日记及时认识到自身情绪管理和沟通方式中的问题，进而在后续的研讨沙龙中展开经验分享，带动了更多家长一起讨论如何做智慧型父母。这一真实案

例很好地展示了"人人主讲"对观念转变与行为改善的推动意义。

4.多维度评价与反馈体系的搭建

为了避免家校共育流于形式，学校在第三方家校合育联盟的支持下，构建了多维度、全过程的评价与反馈体系。

评价手段：综合使用问卷调查、个别访谈、课堂观察、亲子活动记录、心理筛查结果等多元工具，对家长理念更新、学生学习态度转变、教师家庭教育指导能力提升等进行全面追踪。

反馈流程：定期将评价结果反馈给各年级组、班主任，并在家长委员会或家长学校会议上进行公开讨论；对发现的问题及时梳理并形成改进清单。

闭环改进：根据评价数据的变化，学校对各类课程内容、教学方法和活动形式进行动态调整。比如在跟进体验课程中新增公益机构参与环节，能够更好地满足贫困家庭和特殊学生群体的需求。

通过一系列科学、透明的评估措施，家校共育的优点与不足能够更快、更真实地得到呈现，教师、家长和社会人才得以及时交流、反思并修正后续行动。

5.家校社资源协同的拓展与实践成效

学校积极引入社会公益组织、专家团队和社区力量，以弥补农村中学在课程设计和活动开展中的资源短板，使家校共育不局限于校内，向社区和社会机构延伸。

这些扎实的举措不仅让学生获得多维度的学习与成长空间，也让家长和教师真正参与到教育实践中，切实提升了家校社协同育人的成效。

四、成果的创新点

在推进家校社协同育人的实践中，学校形成了四个方面的创新特色。

1. 构建了"五位一体"的课程体系

学校打造了"五位一体"的课程架构，包括专家通识课程、家长讲师课程、学生心语课程、跟进体验课程和研讨沙龙课程。这些课程根据不同年级学生的特点和家长的需求，形成了清晰的进阶序列。比如七年级课程重在帮助家长读懂孩子，八年级课程聚焦解决青春期沟通问题，九年级课程则着重指导家长如何陪伴孩子备考。课程内容既有理论指导，又有实践体验，既重视知识传授，也注重能力提升。

2. 创建了"人人主讲，全员参与"的育人新模式

学校创新构建了"人人主讲"的家校互动模式，让教师、家长、学生成为主讲者，营造了全员参与的协同育人氛围。学校组建了68人的教师讲师团和26人的家长讲师团，通过充分挖掘各方育人经验，实现"专家引领、教师主讲、家长分享、学生表达"的多元互动。教师在课程中发挥专业引领作用，讲解教育理念与实践方法；家长通过"家长教家长"活动现身说法，分享教育孩子的成功经验，以真实案例为其他家长提供启发；学生则以"心事说给你听""与父母对话""感恩与成长"为主题，通过书信、日记、角色互换等形式自由表达心声，实现了情感交互与个性表达的统一。这种多元主体参与的模式，不仅让家校之间实现了平等沟通，也凸显了每个人的主体地位。

此外，学校创新推出"家长日记""成长日记""教育日记"的全员写作计划，让每个人通过书写参与共育过程。家长通过"家长日记"记录与孩子的日常互动，不断发现教育中的问题与亮点；学生用"成长日记"真实呈现学习生活中的点滴感悟；教师则通过"教育日记"反思教学中与学生、家长沟通的方式与成效。一位家长写道："通过每天记录亲子间的点点滴滴，我慢慢学会了倾听孩子的内心，也更懂得如何与孩子交流。"在这个过程中，教师从单一的知识传授者转变为教育智慧的分享者，家长从被动的听众成长为教育经验的传播者，学生则从沉默的接受者蜕变为自我成长的诉说者。这种多元主

体共同参与、相互启发的教育模式，不仅丰富了家校共育的内涵，更为每个参与者提供了展示自我、提升能力的宝贵机会，有效推动了教育理念的更新与教育实践的深化。

3. 创新"三评三选一改进"评价机制

学校创新构建了"三评三选一改进"评价机制，通过家长评喜欢的老师、集体评文明学生、学校评文明家长三个维度的评选，结合系统化的反馈改进机制，形成了科学完整的家校共育评价体系。

在教师评选方面，学校突破传统限额模式，采用家长无记名投票的方式，充分尊重家长意愿，真实反映教师口碑。这种基于家长视角的评价机制，有效促进了教师的专业成长和服务意识的提升。在文明家长评选方面，学校建立了学生推荐、家长自荐、班主任推荐、学校审定的四级评选程序，设置了家委会参与度、成长日记完成情况、家师沟通频次、安全教育参与度、亲子关系和谐度等七个维度的量化标准，确保评选的科学性和可操作性。对于学生评价，学校实施了"星卡"成长激励机制，通过每日评价、每周汇总、每月表彰、学期末总结的递进式模式，全方位记录学生的成长进步。

特别值得一提的是，学校创新设计了表彰激励方式，将文明家长表彰与学生毕业典礼相结合，创造性地将家长荣誉记入学生档案，并向所在村居发送表彰榜，扩大了评选活动的社会影响力。同时，学校引入了家校合育联盟作为第三方评价机构，通过问卷调查、意见征集、沙龙讨论、大数据分析等多种方式，广泛收集各方建议和需求。对于收集到的问题，学校及时进行分析研究，制订解决方案并反馈整改情况。例如，针对家长关注的食堂问题，学校及时开设了家长陪餐日活动，邀请家长实地体验，获得了广泛好评。

自2023年实施"三评三选一改进"机制以来，学校已评选文明家长675名，开展年级文明之星表彰活动4次。这个机制不仅实现了对教师、家长、学生的科学评价，也通过系统的反馈改进机制确保了家校共育工作持续优化提升。评价结果的及时公开和问题的快速响应，促进了教育共同体的良性发展，受到了师生家长的一致好评。这种创新的评价机制为推动家校共育工作走向深入提供了有力支撑，也为其他学校开展类似工作提供了可借鉴的经验。这些创新举措相互支撑、有机统一，既注重顶层设计的系统性，又关注具体实践的可操作性，形成了具有推广价值的家校社协同育人新模式。实践证明，只有让家长、教师、学生都参与进来，让每个人都成为主角，才能真正实现教育合力，推动学生健康成长。

五、实践成效及反思

1. 营造了家校社教育新生态

通过家校共育课程的系统实施，学生的学习习惯和行为习惯显著改善，心理健康状况得到关注，心理筛查优良率提高了 10 个百分点。家校关系更加和谐，学校投诉率大幅降低，家长对学校的满意度和信任度显著提升，学校连续两年在临沂市高新区满意度测评中位居全区首位。

2. 育人模式更加优化

家校共育的深入推进不仅优化了传统育人模式，还构建起了"人人是育人者，人人是被育者"的共生成长局面。这种多维互动、共同成长的育人模式，显著提升了学校的教育质量和办学水平。学校连续获得高新区办学综合评估先进单位称号，社会声誉和影响力显著增强。更重要的是，通过"人人育人、人人被育"的实践，营造了全员参与、互学共进的教育氛围，让每个参与者都在教育他人的过程中实现自我提升。

3. 学生综合素养得到提升

学生在家庭中得到更多的关爱和支持，自信心和幸福感明显增强，同时在五育并举的背景下，德智体美劳全面发展得到了有效落实。在劳动教育方面，学校开设了专门的劳动课，并通过家校共育项目将劳动教育延伸到家庭中，鼓励学生和家长一起参与家务劳动，培养劳动意识和实践能力。一名学生在成长日记中写道："和爸爸一起做饭让我学会了很多，也让我觉得自己真正为家庭付出了努力。"这类活动不仅提升了学生的动手能力，还增进了亲子关系，增强了学生的自信心和责任感。由此，学生的综合素质逐步提高，为积极面对学习和生活中的挑战及全面发展奠定了坚实基础。

4. 拓展教育时空

学校建立了以时间、空间为双轴，以"四全联动"为特色的家校社协同育人体系，实现了育人工作的全方位覆盖和深度融合。

在时间轴上，学校搭建了"月月有主题、周周有活动"的递进式育人体系。每月围绕一个主题开展系列活动，如新年新气象月举办亲子阅读、家风传承等活动，劳动教育月组织家务劳动、校园劳动等实践，心理健康月开展家长沙龙等活动。每周则根据月度主题细化具体活动，确保育人工作有序推进、落地见效。

在空间轴上，学校构建了"社区全域、学校全力、家庭全部、父母全程"的四全协同模式。社区全域：整合社区教育资源，开放图书馆、文体中心等场所，为家校活动提供广阔平台。学校全力：调动全体教师参与，开放教育场所，提供专业支持。家庭全部：发动每个家庭积极参与，形成育人合力。父母全程：引导家长持续关注和参与孩子成长的各个阶段。

这种双轴驱动的育人体系，织密了家校社三联动的全时空育人网络。学校与家庭联动，通过家长会、家访、建立家校群等多种方式保持紧密沟通；学校与社区联动，依托社区资源开展实践活动；家庭与社区联动，共同营造良好的育人环境。三方协同、资源共享，形成了育人工作全方位覆盖、全过程参与的良好局面。

通过这一创新体系的实施，实现了教育资源的优化整合，育人效果的全面提升，为学生的健康成长提供了强有力的保障。家长普遍反映："这些活动让我们能够更好地参与孩子的教育。"教师们也表示："这种体系化的育人模式，让我们的教育工作更有章法，更有成效。"

六、成果的应用效果

（一）家校共育理论研究结硕果

（1）实践经验获得广泛认可，学校在第三届和第四届全国家长论坛暨家校合育联盟论坛上作典型经验交流。

（2）校长薛克传同志在全国教育干部培训会上作家长学校专题培训，推广学校经验。

（3）形成了一套完整的家长学校课程体系，包含专家通识课程、跟进体验课程、三写成长课程等多个模块。

（4）建立了科学的家校共育运行机制。

（二）家校共育实践成效显著

通过系统化的家校共育实践，学校在学生发展、教师成长和学校建设等方面均取得显著成效。

就学生而言，我们欣喜地看到，学生的学习态度更加积极主动，行为习惯逐步养成。更可喜的是，在良好的家校互动氛围中，学生的心理健康状况得到极大改善，心理筛查优良率较往年提升了 10 个百分点。不仅如此，学生的自信心和幸福感明显增强，综合素质得到全面提升，他们展现出了更加阳光积极的精神面貌。

在教师专业发展方面，学校坚持以培训赋能、实践促进的双轮驱动模式。通过系统培训，全校班主任实现了家庭教育知识的全覆盖，累计培训教师 400 余人次。特别值得一提的是，学校成功组建了一支 68 人的家庭教育讲师团，这支队伍成为推动家校共育的中坚力量。通过持续努力，教师在家庭教育指导方面的专业能力得到显著提升，能够更好地服务学生和家长。

学校的整体发展也迈上了新台阶。学校连续获得临沂市高新区办学综合评估先进单位称号，这份荣誉凝聚着全体师生的共同努力。学校在 2022 年、2023 年的临沂市高新区满意度测评中连续两年位居首位，充分体现了家长对学校工作的认可。作为区域家校共育的示范校，学校还与区内 6 所学校建立了紧密的合作关系，积极分享经验、互学互鉴。

（三）推广应用成效广泛

临沂第二十九中学的家校共育实践在临沂高新区内率先树立了标杆，形成了可复制的城乡交融区域家校共育模式。2023 年 12 月，学校成功承办高新区家校共育现场会，吸引了众多学校前来观摩学习。这种可复制、可推广的家校共育模式，正在区域内发挥着积极的示范引领作用。

学校的创新实践不仅在高新区产生影响，更在全国范围内获得广泛认可。学校教师多次受邀做经验交流，分享家校共育的成功经验。特别是在长沙举办的全国教育干部培训会上，校长薛克传同志进行的专题培训让更多教育工作者深入了解学校的家校共育模式。

更令人欣喜的是，这些努力带来了显著的社会效益。家长与学校之间的关系更加和谐融洽，家长对学校的满意度和信任度持续攀升。良好的家校共育氛围不仅提升了学校的教育质量，更为临沂市高新区教育事业的发展注入了新的活力。临沂第二十九中学的实践充分证明，科学系统的家校共育探索不仅能够促进学校自身的优质发展，更能为区域乃至全国的教育改革创新提供有益借鉴。

落实家校社协同育人机制，培育德智体美劳全面发展人才

习近平总书记强调："党员、干部特别是领导干部要清白做人、勤俭齐家、干净做事、廉洁从政，管好自己和家人，涵养新时代共产党人的良好家风。"家风是一个家庭最宝贵的财富。党员、干部的家风不仅关系一个家庭，更关系党风、政风、民风。党员、干部要始终保持共产党人的高尚品格和廉洁操守，把家风建设摆在重要位置，涵养新时代共产党人的良好家风，努力做家风建设的表率。

家庭对孩子的影响是深远的，正所谓"家教严则家风正，家风正则家庭顺、国风清"。笔者以"落实家校社协同育人机制，培育德智体美劳全面发展人才"为主题，和大家分享一下家校共育方面的一些体会和感受。

一、开展家庭教育的原因

（一）党和国家领导人十分重视家庭教育

2016 年 12 月 12 日，习近平总书记在会见第一届全国文明家庭代表时强调："家庭是人生的第一个课堂，父母是孩子的第一任老师。孩子们从牙牙学语起就开始接受家教，有什么样的家教，就有什么样的人。家庭教育涉及很多方面，但最重要的是品德教育，是如何做人的教育。""广大家庭都要重言传、重身教，教知识、育品德，身体力

行、耳濡目染，帮助孩子扣好人生的第一粒扣子，迈好人生的第一个台阶。"

2018年11月2日，习近平总书记在同全国妇联新一届领导班子成员集体谈话时强调："要注重家庭、注重家教、注重家风，认真研究家庭领域出现的新情况新问题，把推进家庭工作作为一项长期任务抓实抓好。"

（二）《中华人民共和国家庭教育促进法》要求加强家庭教育

2022年1月1日起实施的《中华人民共和国家庭教育促进法》，以法律的形式明确了家庭教育的责任主体、内容、方式。

《中华人民共和国家庭教育促进法》的制定是贯彻落实习近平总书记有关重要论述和党中央决策部署的法治成果，是大力弘扬中华民族家庭美德的法治体现，是促进未成年人健康成长和全面发展的法治保障，是全面总结地方立法与实践经验的法治载体。

《中华人民共和国家庭教育促进法》共六章五十五条。第一章总则明确了家庭教育的定义、家庭教育的要求，要求县级以上精神文明建设部门和县级以上人民政府公安、民政、司法行政、人力资源和社会保障、文化和旅游、卫生健康、市场监督管理、广播电视、体育、新闻出版、网信等有关部门在各自的职责范围内做好家庭教育工作，要求工会、共产主义青年团、残疾人联合会、科学技术协会、关心下一代工作委员会以及居民委员会、村民委员会等应当结合自身工作，积极开展家庭教育工作，为家庭教育提供社会支持。

第二章家庭责任的第十六条明确了家庭教育的内容：

（1）教育未成年人爱党、爱国、爱人民、爱集体、爱社会主义，树立维护国家统一的观念，铸牢中华民族共同体意识，培养家国情怀；

（2）教育未成年人崇德向善、尊老爱幼、热爱家庭、勤俭节约、团结互助、诚信友爱、遵纪守法，培养其良好的社会公德、家庭美德、个人品德意识和法治意识；

（3）帮助未成年人树立正确的成才观，引导其培养广泛兴趣爱好、健康审美追求和良好学习习惯，增强科学探索精神、创新意识和能力；

（4）保证未成年人营养均衡、科学运动、睡眠充足、身心愉悦，引导其养成良好生活习惯和行为习惯，促进其身心健康发展；

（5）关注未成年人心理健康，教导其珍爱生命，对其进行交通出行、健康上网和防欺凌、防溺水、防诈骗、防拐卖、防性侵等方面的安全知识教育，帮助其掌握安全知识和技能，增强其自我保护的意识和能力；

（6）帮助未成年人树立正确的劳动观念，参加力所能及的劳动，提高生活自理能力和独立生活能力，养成吃苦耐劳的优秀品格和热爱劳动的良好习惯。

第十七条明确了家庭教育的方式方法：

（1）亲自养育，加强亲子陪伴；

（2）共同参与，发挥父母双方的作用；

（3）相机而教，寓教于日常生活之中；

（4）潜移默化，言传与身教相结合；

（5）严慈相济，关心爱护与严格要求并重；

（6）尊重差异，根据年龄和个性特点进行科学引导；

（7）平等交流，予以尊重、理解和鼓励；

（8）相互促进，父母与子女共同成长；

（9）其他有益于未成年人全面发展、健康成长的方式方法。

第十八条要求未成年人的父母或者其他监护人应当树立正确的家庭教育理念，自觉学习家庭教育知识，在孕期和未成年人进入婴幼儿照护服务机构、幼儿园、中小学校等重要时段进行有针对性的学习，掌握科学的家庭教育方法，提高家庭教育的能力。

（三）家教家风是中华优秀传统文化的重要组成部分

在中华民族绵延赓续的优良家风传统中，涌现出了非常突出的家风特质。

从孔子庭训"不学礼无以立"，到诸葛亮诫子"静以修身，俭以养德"；从岳母刺字激励岳飞精忠报国，到朱子家训"恒念物力维艰"。这些家风典故无不承载着长辈对后代的希望与嘱托，蕴含着丰富的人生智慧与传统美德。

从《千字文》到《三字经》《弟子规》，从《朱子家训》《颜氏家训》到《曾国藩家训》，尤其是我们耳熟能详的"孟母三迁"的故事，生动地阐述了家庭环境对孩子的巨大影响。家庭教育，可以说是融入我们血脉的、每个人成长过程中不可或缺的精神养分。

优良家风涉及立身、治家、为人处世、言行举止等方方面面，崇德向善、见贤思齐成为家风内容的价值取向，如孝顺父母、尊老爱幼，崇仁尚义、诚实守信，尊师重教、重礼谦逊，和睦宗族、礼让乡邻，勤奋读书、勤俭节约，自强不息、艰苦创业，公正廉洁、义利分明，等等。

优良家风既是对一个家庭及其成员的涵育陶冶，也是对整个社会风气的教化熏染。广大普通家庭应努力营造崇德向善、见贤思齐的良好家风，将中华民族的优良家风融入新时代家风建设之中，以千千万万家庭的好家风支撑起全社会的好风气。

二、学校提高家庭教育水平的措施

谁放弃了家庭教育，谁就几乎葬送了孩子的前程；而谁赢得了家庭教育，谁就赢得了孩子辉煌的未来。

举办好家长学校，提升家长家庭教育能力，不仅是《中华人民共和国家庭教育促进法》赋予学校的责任，也是学校实现优质发展的必然要求。

为提升家长、教师对家庭教育的理解和认识，培育良好的家师关系、师生关系、亲子关系，构筑家校教育合力，学校规划了家长学校课程体系，具体内容如下。

（一）开展家长通识培训

学校聘请专家对家长进行针对性的培训，讲座主题有"关系重于教育""家长日记提升家庭教育成效"，引导家长转变对家庭教育的认识，从而改善亲子关系，提升家庭教育效果。

学校设计了 12 个专题培训课程，供各年级在常规家长会中开展，以实现学生入学、家长入校的家长培训规划。

七年级家长的专题培训课程包括：① 孩子上初中，家长新挑战；② 陪伴，是家长送给孩子最好的礼物；③ 养成孩子良好的学习习惯；④ 教会孩子学会阅读。

八年级家长的专题培训课程包括：① 花季中的男孩女孩；② 如何对待网络和手机；③ 学会交往天地宽；④ 学习成绩上不去，该怎么办？

八年级家长的专题培训课程包括：① 不忘初心，当好家长；② 读懂孩子的"心"；③ 和孩子谈"理想"；④ 规划好孩子的未来。

学校每学期组织家长参与 2 次专题课程，每次涵盖 1~2 个主题，3 年内累计完成 6 次专题学习。课程培训集中于学期初、期中或期末开展，确保家长结合学校教学进度参与学习。课程培训与"文明家长"表彰活动同步开展，通过榜样示范与理论学习相结合，提升家长的参与积极性。

（二）强化家长体验培训

学校诚邀家长入校、进班，亲身体验学生的学习生活，进一步转变家长的教育观念，让家长更了解学校管理、课堂教学及食堂运营，引导家长践行先进的家庭教育理念。

为此，学校设立家长学校及专用体验教室，家长统一穿着印有

"家长学校"标识的红色马甲。活动采用小班制，每日安排 30~40 名家长入校体验，具体日程安排如下。

1. 家长第一课

学校成立了专职师资队伍，由校长、分管校长及年级主任组成核心团队，精心备课并亲自授课。同时，选聘部分家长志愿者担任义务讲师，分享育儿经验。针对家长的实际需求与困惑，学校采取"问题导向"教学模式，围绕家庭教育方法、家校共育策略等主题开展专题教育，切实提升家长参与学校活动的成效。

2. 深入班级陪孩子学习

学校依据时间规划，精心设置了 2 节课堂陪伴活动。任课教师严格按照课程表安排上课，家长可前往"家长座区"，与学生一同听课。

3. 课间交流活动

班主任、任课教师主动与家长交流，发现学校、教师、家长在教育中的问题。

4. 观看课间体育活动

家长参加学生的课间体育活动，巡查学校的管理现状，感受教师的工作状态。

5. 参观食堂

在食堂管理员带领下，家长到食堂查看食堂卫生，通过视频观看食物加工过程。膳食委员会家长成员还要监督采购全流程。

6. 家长沙龙

专职教师组织、引导家长讨论教育方法，家长填写建议，以提升家校共育水平。

7. 家长陪孩子吃午餐

家长陪孩子一起吃午餐，体验食堂生活。

8. 总结反思

学校对家长提出的建议和意见进行汇总、分析与研究。对于值得推广的好做法，予以通报表扬并大力发扬；针对家长的建议，学校认真剖析、及时整改，并将整改情况反馈给家长本人，同时在学校内进行公示。对于一些暂时无法整改的问题，学校也要及时向家长反馈，获得家长的理解。通过反思、整改、反馈等一系列举措，进一步深化家校沟通，提升学校管理成效。

（三）包保责任制与全员大家访

学校落实全员育人导师制，把育人导师制与包保责任制有机结合，明确每一名教师的育人职责、包保对象，实行"四个一"：每天一次师生互动，包括提问、展示、谈心、表扬、面批等方式；每周一次家师互动，包括微信、电话、书信、家访等方式；每月举办一次家长、教师、学生均参与的成长分析会；每学期一次家访。

学校要求导师做到全员访，其中，对特殊情况做到"七个必访"，即优秀学生的家庭必访，父母离异的学生家庭必访，生活有特殊困难的学生家庭必访，行为出现偏差的学生家庭必访，思想、学业上有重大变化的学生家庭必访，学习困难的学生家庭必访，外来务工子女家庭必访。

学校教师根据实际，采取了灵活的家访方式，提升了家访的成效。基于目的的家访包括报喜式家访、榜样式家访、问题式家访。基于形式的家访包括书信式家访、带领学生家访、追踪式家访。基于特定学生的家访包括一对一家访、信息式家访、沙龙式家访、多家庭集中式家访。常规家访包括综合式家访、偶遇式家访。基于家长需求的家访有接站式家访。

（四）家庭教育进社区

学校积极探索社区与学校协同开展家庭教育的有效模式，尝试开展了家庭教育进社区活动。学校安排经验丰富的家庭教育指导师进行授课，活动以社区为单位组织。幼儿园、小学、初中、高中学校负责向家长下达活动通知，社区负责提供活动场所。学校利用周末、寒暑假等特定时间，开展"基于全社区的家庭教育学习培训活动"，致力于在社区营造良好的家庭教育学习氛围。

（五）评选文明家长活动

学校制订了《文明家长评选方案》，下面是第一期文明家长评选方案的内容。

1.文明家长评选标准

（1）品德修养。遵守社会公德，诚实守信，尊老爱幼，团结邻里，具有良好的道德品质和行为习惯；热爱祖国，关心集体，积极参与社会公益活动，为孩子树立良好的社会榜样。

（2）教育理念。重视孩子的品德教育和身心健康，注重培养孩子的良好习惯和综合素质；尊重孩子的个性和兴趣爱好，不溺爱、不纵容孩子；积极与学校沟通合作，支持学校的教育教学工作，配合学校开展各项活动。

（3）家校沟通。家长应主动与班主任、任课教师保持密切联系，及时了解孩子在学校的学习、生活和思想情况；积极参加学校组织的家长会、家长学校等活动，认真学习家庭教育知识和方法；对学校的工作提出合理化建议和意见，积极参与学校管理和监督。

（4）家庭氛围。营造温馨、和谐、民主的家庭氛围，注重与孩子的情感交流和沟通；家庭成员之间相互尊重、相互理解、相互支持，共同为孩子的成长创造良好的家庭环境。

（5）示范引领。在日常生活中，以身作则，言行一致，用自己的实际行动影响孩子；积极参与社区文化建设和社会公益活动，为社区和社会做出贡献，传递正能量；在家长群体中具有一定的影响力，能够带动其他家长共同进步。

2. 评选程序

（1）学生推荐。

（2）家长依据条件自荐。

（3）班主任根据量化情况推荐。

（4）学校根据以上推荐情况，结合量化分数，确定文明家长名单。

3. 表彰奖励

初三毕业季组织初三文明家长表彰活动。

（1）在初三毕业典礼之际，文明家长上台与学生一同接受表彰，由该年级分管校长、年级主任、班主任颁发奖状。

（2）文明家长的表彰将在学生的档案中进行记录，该记录也将作为学校日后出具相关证明的佐证材料。

学校在 2022 年 6 月开展了 2019 级文明家长评选，2023 年 6 月开展了 2020 级、2021 级、2022 级文明家长评选，2023 年 3 月开展了"家长日记超过 300 篇"优秀家长表彰活动。

三、成效显著

学校采取的上述举措显著提高了家庭教育水平，对家长、学生和学校都产生了积极的影响，具体表现为以下几个方面。

（一）亲子关系融洽

亲子关系融洽的表现可从情感互动、日常相处、成长支持、困难应对 4 个维度呈现，具体如下。

1. 情感互动层面

（1）主动表达爱意。孩子会频繁向父母表达爱意，比如，常说"我爱你""我喜欢和爸爸妈妈在一起"，用拥抱、亲吻等亲密举动传递情感。父母也会积极回应孩子的爱，给予肯定与鼓励，如说"宝贝，爸爸妈妈也爱你，你很棒"。

（2）深度情感共鸣。父母能敏锐感知孩子的情绪变化，在孩子开心时一同欢笑，在难过时给予安慰。孩子也能理解父母的情绪，在父母疲惫时主动帮忙分担家务。

2. 日常相处层面

（1）良好的沟通氛围。孩子愿意分享学校趣事、烦恼困惑，父母认真倾听并给予合理建议。父母也乐于与孩子交流，分享人生经验，孩子积极回应并提出疑问。

（2）共同参与活动。父母和孩子经常一起参与各类活动，如家庭游戏、户外运动、亲子阅读，在活动中增进了彼此的了解与默契。家长可以陪孩子去公园野餐、放风筝，享受欢乐时光，共同创造美好回忆。

3. 成长支持层面

（1）尊重个人选择。父母尊重孩子的兴趣爱好、职业规划等个人选择，并给予支持与鼓励，不过多干涉。孩子感受到父母的尊重，更加自信地追求梦想，与父母分享成长中的点滴进步。

（2）鼓励自主探索。父母鼓励孩子自主尝试新事物，在孩子遇到困难时给予适当引导。孩子在探索过程中获得成就感，对父母的信任与依赖进一步加深。

4. 困难应对层面

（1）携手面对挑战。当家庭或孩子个人遇到困难时，父母和孩子相互支持、共同面对，积极寻找解决办法。例如，当孩子学习遇到瓶颈时，父母会与孩子一起分析问题，制订学习计划，共同克服困难。

（2）信任危机化解。父母和孩子偶尔产生矛盾与误会，也能通过坦诚沟通迅速化解。父母与孩子都能站在对方角度思考问题，理解对方的感受。

（二）改变了家长的育人方式

家长育人方式的改变体现在教育理念、沟通模式、教育方法等多个维度，具体表现如下。

1. 教育理念转变

（1）从权威控制到平等尊重。之前，部分家长认为孩子必须绝对服从自己，教育方式以命令、指责为主。现在，家长逐渐认识到孩子是独立的个体，尊重孩子的感受和选择。例如，当孩子选择兴趣班时，家长不再强行安排，而是与孩子共同探讨，根据孩子的兴趣作出决定。

（2）从重成绩到重全面发展。之前，家长过于关注孩子的学习成绩，将分数高低作为衡量孩子优秀与否的唯一标准。现在，家长更加注重孩子的身心健康、品德修养、社交能力等综合素质的培养，鼓励孩子参加各种社会实践活动，培养孩子的责任感和团队合作精神。

2. 沟通模式优化

（1）从单向说教到双向互动。以前，家长习惯于单方面向孩子灌输道理，很少倾听孩子的想法。现在，家长开始重视与孩子的双向沟通，愿意倾听孩子的心声，与孩子进行平等的交流和讨论。例如，每天晚餐后，家长会和孩子分享一天的经历，同时也鼓励孩子分享自己的感受和想法。

（2）从批评指责到鼓励肯定。以前，当孩子犯错时，家长往往采取批评指责的方式，容易伤害孩子的自尊心。现在，家长学会了用鼓励和肯定的方式引导孩子，帮助孩子树立自信心。比如，孩子考试成绩不理想时，家长会先肯定孩子的努力，然后和孩子一起分析原因，找出解决办法。

3. 教育方法创新

（1）从严厉惩罚到合理引导。以前，一些家长认为"棍棒底下出孝子"。当孩子犯错时，家长会采取严厉的惩罚措施。现在，家长认识到惩罚并不是解决问题的根本方法，开始采用合理引导的方式让孩子明白错误的原因和后果，并引导孩子主动改正。例如，孩子不小心打碎了花瓶，家长会和孩子一起清理碎片，然后引导孩子思考如何避免类似的事情再次发生。

（2）从过度包办到适度放手。以前，部分家长对孩子的生活和学习过度包办，导致孩子缺乏独立生活能力和自主解决问题的能力。现在，家长学会了适度放手，让孩子在实践中锻炼自己。比如，家长让孩子自己整理书包、洗衣服、做简单的饭菜等，培养孩子的自理能力。

4.自我提升意识增强

（1）主动学习教育知识。以前，很多家长缺乏系统的教育知识，主要依靠经验和直觉教育孩子。现在，家长意识到教育是一门科学，需要不断学习和提升。他们会主动阅读教育相关书籍、参加家长培训课程、关注教育资讯，学习先进的教育理念和方法。

（2）反思教育行为。以前，家长很少反思自己的教育行为是否得当。现在，家长开始注重反思自己的教育行为，定期回顾与孩子的相处过程，分析自己的教育方式是否有效，是否符合孩子的成长需求。家长通过反思，及时调整自己的教育策略，提高教育质量。

5.关注孩子的心理健康

（1）重视心理需求。以前，家长往往只关注孩子的身体健康和学习成绩，对孩子的心理需求关注较少。现在，家长认识到心理健康对孩子的成长至关重要，开始关注孩子的情绪变化和心理状态。当孩子出现焦虑、抑郁等情绪问题时，家长会及时给予关心和支持，帮助孩子缓解压力。

（2）营造和谐家庭氛围。以前，一些家庭中存在夫妻关系紧张、亲子沟通不畅等问题，给孩子带来不良影响。现在，家长意识到家庭氛围对孩子心理健康的重要性，努力营造和谐、温馨的家庭环境。

（三）建立了良好的师生关系

学生的表现和教师的表现综合体现了良好的师生关系，具体如下。

1. 学生的表现

（1）积极参与课堂互动。学生愿意在课堂上积极回答问题，主动提出疑问，参与讨论。在小组活动中，学生能够与同学积极协作，共同完成任务，体现出良好的团队精神和沟通能力。

（2）尊重老师，信任老师。学生自觉遵守课堂纪律，尊重老师的教学安排，不随意打断老师的讲解。当遇到学习或生活中的困难时，学生愿意向老师求助。

（3）积极反馈，双向沟通。学生敢于向老师表达自己对教学内容、教学方法的意见和建议，促进教学相长。对于教师的评价和反馈，学生能够虚心接受，并努力改进自己的不足。

（4）主动学习。学生表现出对知识的渴望，主动寻求学习资源，拓展自己的知识面。

（5）克服困难。面对学习中的挑战，学生能够坚持不懈，勇于尝试，不轻易放弃。

2. 教师的表现

（1）关爱学生，尊重个性。教师能够关注到每个学生的特点和需求，因材施教。

（2）尊重学生意见。教师重视学生的想法和感受，鼓励学生表达自己的观点，营造民主、平等的课堂氛围。

（3）教学相长，共同进步。教师乐于听取学生的意见和建议，不断改进自己的教学方法和策略。教师鼓励学生提出问题，与学生一起探讨解决方案，实现教学相长。

（4）公平公正，一视同仁。教师在处理学生问题时公平公正，不偏袒任何一方。教师关注全体学生的成长和发展，努力让每个学生都能在原有基础上取得进步。

（5）有效沟通，建立信任。教师能够及时与学生沟通学习情况，了解学生的需求和困惑，给予及时的指导和帮助。通过真诚的交流和互动，教师与学生建立起相互信任的关系。

（四）提升了教学质量

1.学生学业成绩显著提高

（1）考试成绩进步。 班级的学科平均分、优秀率、及格率等指标较以往有明显提升。原本成绩较差的学生通过努力取得显著进步。

（2）学校组织的各类学科竞赛中，获奖学生的数量有所增加。例如，英语演讲比赛中，以往只有少数学生进入决赛，现在进入决赛的学生人数增加，且获得一等奖的学生比例也有所上升。

2.课堂教学氛围显著改善

（1）课堂氛围融洽。课堂上充满欢声笑语，师生之间互动频繁，学习氛围轻松愉快。学生积极参与课堂活动，教师能够及时给予肯定和鼓励，增强学生的积极性。

（2）课堂秩序良好。学生能够自觉遵守课堂纪律，积极参与课堂活动。在小组讨论中，学生能够围绕主题展开热烈的讨论，各抒己见，课堂氛围活跃而有序。教师能够合理安排教学节奏，把握好教学的重点和难点，使课堂教学张弛有度。在讲解新知识时，教师会放慢速度，确保学生能够理解；在复习巩固环节，教师会适当加快节奏，提高教学效率。

四、今后工作的方向

（一）构建多部门协作一体化家庭教育表彰机制

《中华人民共和国家庭教育促进法》第三十七条规定：文明城市、文明村镇、文明单位、文明社区、文明校园和文明家庭等创建活动，应当将家庭教育情况作为重要内容。

学校可联合政府多部门统筹开展"书香家庭""文明家庭"等评选表彰活动，以实现"1＋1＞2"的效果。

（二）打造文明村居

临沂市的"博士村""院士村"，让我们对村居的教育环境以及家庭教育所发挥的作用有了更为深刻的认识。在暑假开展的家访活动中，我们了解到罗西街道的一个村子对当年考入大学的新生实行表彰奖励机制，此举有助于营造良好的村居育人文化氛围。由此可见，推动家庭教育进社区（村居），在社区（村居）设立家长学校，并从不同维度建立"好家风好家训文明村居"评选表彰机制，对于营造文明家庭、文明村居的良好环境具有积极意义。

（三）构建区域幼小初高一体化家长学校

整合优质教育资源，打造一套涵盖幼儿园、小学、初中、高中各学段的家庭教育课程，为家长提供系统、科学、实用的家庭教育指导。同时，着力培育一支专业素养高、指导能力强的优秀家庭教育指导师队伍，他们将成为家长教育路上的引路人，助力家长更好地履行教育职责。

家庭教育的责任主体是家长，家长要树立终身学习的理念，不断更新教育观念，改进教育方法，为孩子树立良好的榜样，为孩子的成长营造积极健康的家庭环境。

办好家长学校是提升家长教育水平的关键举措。家长学校不仅是家长学习教育知识的平台，更是家长交流育儿经验、分享教育心得的平台。家长通过家长学校的系统培训，能够掌握科学的教育方法，更好地与孩子沟通交流，促进孩子的全面发展。

3 家校共育助成长

家庭教育是孩子个性化发展的源泉，家校共育是学生健康成长的根本保障。

一、转变家长的育人方式迫在眉睫

2022 年，《中华人民共和国家庭教育促进法》正式实施，家长的育人职责首次以法律形式予以明确。

那么，现实中家长的育人情况究竟如何呢？学校教师反映的首要问题就是家长不支持、不配合学校工作。在走访过程中，许多社会人士也表示，当地家长对教育的支持情况令人担忧。

2021 年末，学校组织了家委会成立大会，300 多名家委会成员参加了家庭教育的第一课。活动中，我们引导家长诵读《父母规》，鼓励家长写家长日记，陪伴孩子读书。一部分家长积极响应，进入了我们期望的育人模式，有的班级家长参与率达到了 60%。这充分说明，只要赢得家长认可，家长还是能够配合学校的。

家长作为孩子成长的第一责任人，其日常言行深刻塑造着学生的人生观、世界观和价值观。当前，更新家长教育理念、转变育人方式已成为一项具有时代紧迫性的重要任务。依靠家委会的有限影响或部分开明家长的示范引领，难以实现家庭教育质量的整体提升。这种以点带面的传统模式在家庭教育观念转型的关键时期已显乏力，构建系统化的家庭教育体系势在必行。

对于构建系统化的家庭教育体系，学校可以采取如下措施。① 强化班主任引领作用。作为连接学生、家长与学校的枢纽，班主任应成为家庭教育指导的主力军。实践表明，开展"家长日记"等活动的班级，家长教育观念转变成效显著。② 完善家长学校建设。通过定期专题培训、经验分享沙龙等形式，打造家长持续成长的平台。③ 建立激励机制。学校将"文明家长"评选纳入评价体系，促使家庭教育与学校教育形成育人合力。④ 拓展社区协同。学校联合社区开展家长教育，使家长在增强社会责任感的过程中提升育人自觉性。

唯有将家长教育纳入学校教育序列，构建家校社协同育人新格局，方能真正实现教育责任的共担共享。

二、持续深化家长的育人影响力

自 2021 年 12 月 8 日首届家长委员会培训启动以来，已有几十名家长开始写家长日记，有的是电子稿，有的是手写稿。通过家长日记，我们可以感受到，家长教育孩子的心是真诚的。从日记中，教师可以了解家长的思想、亲子关系状况、孩子的表现，为教师的因材施教提供了新的思路。那么，如何持续发挥家长在育人中的作用？

（一）以评价为抓手，形成合力

家校共育涉及家长、学生、班级、学校等多方面因素，每个家庭的情况各有差异，实际工作中往往难以全面同步推进。因此，学校建立"文明家长"评价机制，以评价为切入点，引导家长实现自我成长。

学校家委会依据评选标准制定细化评分细则，对各班级家长进行量化考核。根据家长个人得分排序，确定各班级的校级"文明家长"推荐名单，并组织全校师生举行校级"文明家长"表彰仪式。

（二）充分发挥班级、年级、学校家委会的作用

学校家委会应定期召开年级、班级家委会会议，明确工作方向，组织开展形式多样的家校活动，凝心聚力，共同促进学校教育高质量发展。

（三）建立家长学校，提升家长育人理念

学校家委会应牵头制定《家长学校章程》，科学规划家长年度教育培训体系，并特邀全国知名家庭教育专家担任主讲导师。家委会需切实做好培训活动的组织与实施工作。

（四）提升班主任家庭教育指导专业化水平

学校进一步完善班主任成长计划，将家庭教育指导师资格纳入班主任的任职条件之一；同时，取得该资格将作为班主任参与评优树先的基本条件。学校将为全体班主任提供学习成长的机会，并组织专项培训。

（五）班主任要将家校共育纳入日常工作重点

良好的师生关系是育人质量的重要保障，而家校关系则是师生关系的基础。因此，班主任需坚持阅读并点评家长日记，结合实际需求，通过家访、电话、微信等方式加强家校互动，定期组织家长进班级活动，构建畅通、高效的家校沟通渠道。

三、深化亲子交流

家庭教育是孩子成长的根基。如何建立和谐的亲子关系？

首先，父母要以孩子的需求为导向进行交流。当孩子需要帮助时，家长应真正将孩子的需求放在首位。只有建立在孩子真实需求基础上的交流，才能实现思想共鸣。其次，家长要围绕孩子的兴趣展开对话。孩子感兴趣的话题，自然能激发更多的共同语言。通过兴趣切入的交流往往更轻松有效。

在家委会的家长成长日记中，我经常看到家长用心为孩子准备早

餐的记录，这是多么珍贵的亲子交流契机！通过周一的"校长有约"师生同餐活动，我了解到这些优秀学生的父母都坚持为他们准备早餐。这种日常中的用心陪伴值得点赞，正是在这些看似不经意的相处时刻，亲子交流得以自然而然地深化。家长必须认识到：唯有培养孩子内在的自主管理能力，才能真正实现自我约束。早餐时光这样的日常互动，恰恰是培养这种能力的绝佳机会。

此外，学校要为家长提供交流的平台，促进家长间的教育经验交流。在交流中，家长能够拓展教育视野，吸收他人的智慧，优化教育方式，让教育理念在实践中自然渗透。家长要把握好每一个交流机会，在日常生活中有意识地深化亲子关系，从而让自身的教育影响力得到最大程度的发挥。

四、家校共育是落实学生作业完成情况的重要途径

在课后的评课座谈中，有位老师说道："我现在都不敢给学生布置作业了，很多学生完不成作业。"由此，我突然联想到许多新入职教师在教学反思中提到的学生完不成作业的苦恼。不少教师因学生未完成作业而生气，师生关系也因此恶化。

教师布置的作业总有学生无法完成。如何有效落实作业？我们尝试从家长的日记中寻找答案。

通过读家长的日记，我们意识到，学生的学习习惯和态度受多重因素影响。为此，教师需在作业布置的"质"与"量"上严格规范，杜绝"课内不足课后补"的现象。根据"双减"政策，初中学生的课后书面作业应在学校课后服务中完成大部分，剩余的小部分回家完成。不参加课后服务的学生的做作业时间原则上不超过90分钟。部分学科教师已尝试"零作业"模式，如七年级的语文老师田老师和九年级的数学老师寇老师，他们将工作重心转向调动学生的学习积极性、提升课堂效率，成效显著。

学生在家完成的作业，需要家长督促，尤其是非书面作业、实践性作业、劳动作业、阅读作业。2022年实施的《中华人民共和国家庭教育促进法》明确规定了家长在育人中的责任。因此，教师需加强家校沟通，实现协同育人。

从家长日记中可知，家庭学习环境、亲子关系、师生关系均与学生离校后的心态密切相关，而这些均源于学生在校的学习体验。教师需在校内营造积极的学习氛围，确保学生具备完成作业的基础能力。家长要为学生做作业创造积极氛围，优化学习环境，定期与教师沟通作业完成情况，并及时反馈孩子的情况。结合家长信息，教师及时表扬学生，形成家校合力，引导学生自觉学习。

家访是家校共育的基石

在各级教育部门"家校社协同育人"政策引领下，各校围绕家委会建设、家长开放日、家长学校等载体开展了多元探索，但作为家校沟通的最原始方式，家访仍具有不可替代的基础性价值。家访是教师"走进家庭、理解学生"的直接路径，是学校和家庭沟通的关键桥梁。相较于线上沟通，家访能更直观感知家庭氛围，捕捉非言语信息。

每年 9 月份开学后，学校面临着两大挑战：教师与七年级新生的家长需快速建立信任，教师与八、九年级重组班学生的家长需磨合适应。基于此，学校提出"全覆盖、全周期、全维度"的家访要求，要求教师在开学 1 个月内完成全员家访，覆盖 100% 学生家庭。为确保家访实效，笔者从家访的定义、家访的意义、家访的要求及注意事项入手向教师做了简单分析。

一、家访的定义

家访，从字面意思理解，即家庭访问，是教师深入学生家中与家长进行面对面交流和沟通的过程。它是开展个别家庭教育指导的一种常用且有效的方式，旨在全面了解学生的家庭背景、学习环境、个性特点、在家表现，以及家长的期望、要求和教育方法等，以便更有针对性地开展教育教学工作。如今，许多地方推出了电话家访、微信家访等，这些方式不能算作传统意义上的家访，可将其称为家校沟通的新形式。因为家访最关键的标志是"到家"。所以，学校对家访有着明确要求，必须到村到户，深入每一个家庭。

二、家访的意义

（一）了解学生家庭背景，促进教育公平

通过家访，教师能更深入地了解学生的家庭背景、家庭教育方式等，从而为学生提供更加个性化的教育服务。此外，这也有助于减少因家庭背景不同而导致的教育不公问题。

（二）加强家庭与学校之间的联系和合作

家访为教师与家长提供了面对面的交流平台，有助于双方就学生的教育问题进行深入沟通，共同制定教育策略，形成教育合力。

（三）帮助学生解决生活和学习中的问题

通过家访，教师能及时发现学生在学习和生活中遇到的问题，并与家长共同探讨解决方案，为学生提供必要的帮助和支持。

（四）增强学生的归属感和自信心

家访让学生感受到学校和家庭的关心和支持，有助于增强学生的归属感和自信心，促进其身心健康发展。

（五）促进教育工作者的专业成长

家访是教师深入了解学生家庭、提高专业素养和教育水平的重要途径之一。通过家访，教师能更全面地了解学生情况，积累教育经验，提升教育教学能力。

三、家访的要求及注意事项

（一）家访要求

1. 做好访前准备

教师需提前了解学生情况，包括孩子的成绩、课堂表现、作业完成情况、同学关系等。此外，教师要明确和家长交流孩子哪几个方面

的问题。只有明确家访目的，精心设计家访内容，才能取得预期的家访目的。

2. 科学设计内容

家访时要全面了解学生在家表现、家庭情况和家庭教育情况，给予学生发展指导和家庭教育指导。

3. 明确重点家访对象

教师对特殊群体学生（如单亲家庭、留守儿童家庭）要列入重点家访对象，增加家访频次。

4. 保护家庭隐私

教师要严格遵守职业道德，保护学生和家庭的隐私信息。

5. 廉洁自律

在家访过程中，教师不得向家长推荐、推销教辅材料或其他收费服务，不得收受或索要财物。

（二）家访注意事项

1. 尊重家长和学生

教师要保持礼貌，营造平等友好的交流氛围。

2. 明确家访目的

每次家访前，教师都应明确目的，避免无准备的家访。

3. 选择合适的时间和地点

教师应提前与家长商定家访时间和地点。

4. 关注学生的优点

在交流过程中，教师需秉持积极肯定的态度，首先着重肯定学生的优点。建议至少清晰列举出孩子的 5 条优点。为确保交流效果，教师应提前做好充分准备，梳理并熟悉孩子的各项闪光点。在指出孩子的不足时，教师要秉持客观、谨慎原则，提及的不足通常不宜超过 2 条，且每一条都要给出具体、明确且具有可操作性的建议，让家长和孩子清楚知晓改进的方向与方法。

家访工作是拉近家校关系、构建家校共育"同盟军"的重要环节。学校将持之以恒，积极探索，让每位老师都认识到家访的意义，都能积极主动地家访，都能通过家访找到提高教学成绩的方法，感受到教师的职业幸福感。

家长会的注意事项 5

家长会是促进家校沟通的关键形式。为确保家长会取得良好效果，教师除通报成绩外，还需与家长交流多方面问题，且在筹备与开展过程中需注意诸多要点。

一、明确家长会的主题

尽管每次家长会都需要安排诸多事项，但会议主题必须明确，并围绕该主题展开深入探讨。例如，某次家长会的主题设定为"分析月考成绩"，班主任通过梳理开学以来学生在学习过程中暴露出的问题，与家长携手合作，共同制定针对性策略，为即将到来的期中考试做好充分准备。

二、制作好课件并进行提前试讲

家长会是教师与家长深度沟通的关键桥梁，更是实现面对面交流的宝贵契机。班主任应充分利用这一平台，展现专业素养与人格魅力，以赢得家长的信赖与尊重。家长对班主任的高度认可，不仅是对教师个人能力的肯定，也会潜移默化地影响学生对教师的印象，这种先入为主的积极认知，是构建和谐师生关系、家校协同关系的重要基石。

建议班主任以筹备公开课的态度精心准备家长会，甚至可进行

"无生试讲"的模拟演练，反复打磨每一个细节。从会议流程的设计到内容呈现的方式，从语言表达的精准到情感传递的温度，都应追求尽善尽美。唯有如此，班主任方能在家长会上展现出最佳状态，让家长真切感受到教师的用心与专业，从而为后续的家校共育奠定坚实基础。

三、邀请学科教师参与家长会

在许多班级的家长会中，常常出现班主任"唱独角戏"的现象，任课教师鲜少参与。甚至有些任课教师认为，家长会只是班主任的职责所在，与自己毫无关联。这种观念恰恰反映出，部分教师尚未充分认识到师生关系、家校协同在教学质量提升中的关键作用。

学生往往因喜爱某位教师而热爱其教授的学科，这种纯粹的情感联结，远非空洞的说教所能替代。反之，若学生对某位教师心存抵触，便很难对其所授课程产生兴趣。因此，任课教师应当珍视家长会这一黄金契机，主动与家长建立沟通桥梁。这种积极的情感传递，将如同春风化雨，滋润孩子的心田，使其在课堂上更加全神贯注，学习效果自然事半功倍。

四、当着家长的面多表扬孩子

每次家长会后，班主任通常会单独留下部分家长进行深入交流。在交流过程中，班主任需遵循"多表扬、少批评"的原则。即便孩子近期存在一些问题，班主任也应先肯定其身上的优点。毕竟，每个孩子都有闪光点。班主任在肯定孩子优点的基础上，再客观阐述其近期存在的问题，并与家长共同制订下一步的改进方案。这样的沟通方式，家长更容易接受，孩子的问题也更容易得到妥善解决。反之，如果班主任一味地指责孩子的缺点，家长可能会情绪激动，甚至对孩子放任不管，这显然违背了班主任的初衷。班主任要明白，沟通的目的不是告状，而是解决问题。

　　每次家长会对班主任来说都是一次历练，如何能让家长会发挥最大的效果，让每一名家长都感到不虚此行，让每一名家长都能解决心中的困惑，这是每一位班主任需要思考的问题。